U0006297

THE RULES OF PEOPLE

A PERSONAL CODE FOR GETTING THE BEST FROM EVERYONE

人際的法則

一點就通，連難相處的人都可以應對

RICHARD TEMPLAR

理查・譚普勒——著　李曉嘩——譯

自序／

多年來，我觀察生活裡哪些行爲最能招來幸福和成功，由此寫下許多法則。實際上，這幾百條法則橫跨整個「譚普勒人生法則」書系；這些法則概括了你可以執行且信任的行爲舉止和待人處事，甚至能藉此來改善你的生活。融會貫通這些法則，將能發揮潛力獲得人生中的巨大轉變。

然而，我得先承認你會遇到一個小問題，那就是「其他人的干擾」。不論你多麼嚴格地控制自己的行爲和反應，多麼細心規劃著自己的生活，總會有人不合時宜地出現，擾亂你原本有條不紊的節奏。因爲你對這個人的行爲往往是無能爲力的。

這正是這本書出版的目的。實際上，你會驚訝地發現，你可以透過鼓勵他人做一些利己利人的事情。我相信過往的經驗已經告訴過你：最好的時光是人與人同心協力、相互幫忙，彼此感到合作無間的時刻。除非你是個反社會人格者（對此我心存懷疑，不然你不會拿起這本書），否則當周圍的人都快樂的時候，你會感到更大的滿足。這是如此淺顯易懂的道理，不是嗎？

因此，你幫助他人越多，你自己也會活得越快樂。祕訣在於「讓周圍的人快樂」。沒錯，無論是抱怨連連的同事、過度緊張的家人，還是吹毛求疵的大學教授，只要方法運用得宜，你便能讓他們少發些脾氣或減輕些壓力。當然，你無法揮揮魔法杖便消除他們遇到的麻煩事，但至少他們在與你相處的時光裡是愉快且融洽的。

許多年前，我與一名特別難相處的同事共事，當時的我每天都痛恨上班，而且對方也一樣討厭我。即使我倆相處時都客客氣氣的，可是氣氛卻是充滿張力。最終，一位明智的旁觀者挑明說出了我們的矛盾，這使得我決定給彼此一次機會。幸運的是，那名同事也這麼做了。

之後的我們，雖然在相處上都沒做出太大的改變，卻都稍微調整了自己的言行舉止；就是這些細微的行爲，使我們看見彼此全新的一面。而且，就好像許多電影中的俗套情節一樣，我們成了很好的朋友。即使我們後來都換了其他工作、在不同地方生活，我們依然保持聯繫。

這個事件使我明白，我的言行舉止會對周圍的人產生極大的影響力。在此後的幾十年中，我觀察到無數次（不論是在自己還是別人身上），當一個人改變自己的行爲後，將是如何影響自身與他人之間的互動。

我們在日常生活中都會面臨到形形色色的人們，這些人在言行舉止與性情品格上大相逕庭，與我們的關係也不盡相同。面對你的同事和同學，你希望和他們就事論事，避免陷入不必要的爭吵和不愉快；面對你的家人，除非他們眞的開心，否則你不會感到眞正安心；面對你的朋友，你時常和他們相處，也享受他們的陪伴，但有時你也會爲他們操心，有時他們也會讓你生氣。還有一些經常與你接觸的人——閒聊一會兒的店員、表現得一團和氣卻不喜歡你的貓的鄰居、渴望促成合作的客戶、創立慢跑俱樂部的夥伴、牙醫、來店裡的顧客、孩子的老師……如果你能與這些人愉快相處，他們也會讓你的生活更加輕鬆。

這些人的背景與生活截然不同，你該如何與每個人都相處愉快？其實他們並不沒有你想像那麼特別。這並不構成問題，因爲本書所提供的指導方針、原則及策略——法則——將有助於改善這些人際關係。

本書的第一章節「瞭解他人」。其實「人」生來相似，但要瞭解自己與周圍個體的不同，是需要走上很長的一段路才會明白的，所以我們先從瞭解個體之間的共通性開始。在下一個章節裡，我會介紹如何「幫助他人」，因爲我們都希望周圍的人好。

有時候，我們會非常愛身邊的人，如果他們遭遇任何麻煩，我們也會感到心疼；雖然有些時候，我們也會想從他人身上不勞而獲。但如果我們為每一天所遇到的人們盡了最大的努力，那麼我們也就能問心無愧地在夜晚裡安心入睡。

當然，多數時候你肯定是希望自己每天所接觸的人們是支持你，而不是與你作對。你想讓他們站在你那邊，因為有了他們的支持能讓你的生活輕鬆些，或是藉此改善你的業績數字，又或是純粹遵循、贊同你的決定。有很多方法能鼓勵他人投入心力、保持良好狀態，並且與你並肩而行。相信我，這會是你想要的成果。但本書的法則從不操縱和強迫他人，我們希望他人是真心與我們共處。事實上，我們根本不在乎別人的立場與自己是否相同。我們只是希望「所有人」都能皆大歡喜。

儘管如此，我們也必須承認有些人確實很難相處。也許他們剛經歷糟糕的一天，也許他們的生活困苦，又甚至並無特殊緣由。但不管出於什麼原因，瞭解如何應對這些人的最佳方法，對我們是有幫助的，所以我在本書收錄了一些與難相處的同事、家人及朋友的實用法則。

雖然本書收錄了與人相處的核心法則，但也不可能囊括所有狀況、讓你面面俱到。如果你發現一些我沒有收錄的法則，請告訴我。雖然我無法保證自己總有時間回覆每一則訊息，但是我能確定自己一定會認眞閱讀你的留言。

理查・譚普勒（Richard Templar）

www.facebook.com/richardtemplar

目次／

Chapter 3 獲取他人支持……171

Chapter 4 難以相處的人……265

後記：最後的法則……331

Chapter 1 瞭解他人

Understanding People

當人人開心快樂、齊心協力的時候，我們也能從中受惠。你希望別人展現自己最好的一面，這樣對彼此都好；你也希望盡自己所能幫助和支持他們。其實這兩點是相輔相成的。爲了達到最好的效果，你必須知道他們爲何會成爲這樣的人。

當車子拋錨時，在不瞭解故障原因的情況下，你肯定不會指望自己能把它修好。也許故障原因很簡單，可是在毫無基礎機械學之下，你不可能修好車子，甚至寄望它依然能載你回家。但是只要對內燃機（internal combustion engine）的運作原理有著概略的認識，修好車子並抵達目的地的機率也隨之增加。

同理可證，即使是最基本的「相處之道」也能讓你幫助他人，甚至從中受惠。在這個章節的法則裡所提出的人類行爲準則，運用在人與人之間的相處是十分有用的。這一章也解說了影響他人言行的潛在原因，讓你可以從中獲得一些線索，進而知道該如何勸說你或他們（或是你們）來改變不好的處事方式。

在本章節末，我收錄了一些能幫助到青春期孩子們的法則，因爲我發現很多家長在孩子進入這個階段後便束手無策。這些父母熟知即將成年的孩子需要幫助與支持卻不知從何下手。值得一提的是，即便你沒有孩子，這些法則也可以幫助你與正值青春期的朋友相處，很多法則同樣適用於其他關係上。

這些法則並不深奧，也不涉及科學原理——我沒有那麼聰明。這些只是一些基本的觀察。對你而言，想必一點即通。

法則1 理解他人是在幫助自己

這個星球上的每個人都是由其人生經歷塑造而成，無一例外。

每個人都有自己的背景故事，這也解釋了我們的行為。好，這些故事並不一定能合理化我們的言行，但至少能對言行背後的原因追本溯源。當然啦，沒有人會像你一樣瞭解你背景故事裡的細枝末節，但是許多人都理解其中的要點。

爲什麼特定的事情讓你比別人感到更加焦慮、壓力、興奮、世故、壓抑、放鬆、生氣，或自信？這也許是先天遺傳，也可能是因爲過去的糟糕經歷，又或者根據弗洛伊德所說——這全都取決於你的原生家庭。朋友也許會勸你，不要給自己太大的壓力、不要這麼多疑、不要過於鬆懈，或者別這麼易怒。但是他們不懂——如果他們和你上過同一所學校、經歷過和你相同的貧困生活、和你一樣有著這麼多的兄弟姊妹，抑或是跟你前老闆一起工作過，那麼他們便會明白你這麼做的原因。

記住，每個人都是如此：在這個星球上的**每個個體**都是由其人生經歷塑造而成，無一例外。所以，當你的同事對你惡語相向、你的朋友讓你失望，甚至你的另一半忘記了你的生日時，請記住，事出必有其因，即便理由爛到難以致信，但肯定都是有原因的。

我告訴你這些是因爲如果你能理解這點，那麼你便能更容易地面對他人的負面行爲。即便你改變不了他人的行爲，但只要你理解了背後的原因，你相對容易接受當下的結果。而且通常事情往往會變成：你已經準備好去理解對方，他們才會放棄爲自己辯護，並且決定改變自己的行爲。

假設你的老闆總是對可能落後的進度、無論重要與否的大小計畫，又或是單純的內部會議等都感到壓力重重的話，這些狀況並不是**你**的問題，而且你也不喜歡別人把壓力強加於你。但是假設你知道——或者僅僅是猜測到——你老闆的父親可能是個嚴守紀律、痛恨遲到的人；或者老闆曾因錯過一次重要的截止日而錯失升遷的機會。難道這種原因不會使你感到些許的惻隱之心嗎？難道你不會想幫上一點忙？太好了，請確保你維持在良好狀態。如果有任何事會危及到進度的，請讓你的老闆提前瞭解事情的全貌，並且解說清楚你詳加思慮過的備案。如此一來，你的老闆便不會如此焦慮不安，甚至他對你也不再過於嚴苛了。如此一來不是好多了嗎？

我這裡所講的並不是替不良的行爲辯解[1]。當然啦，沒有人可以把自己的壓力、怒火、焦慮、不安全感，或者負面情緒強加給無關的人。但是在現實生活中，我們無可避免地會遭受這些事情。這條法則就是在告訴你：當你遭受他人的負面情緒時，你該如何應對處理。我並不是要你爲了他人而理解對方的動機，我要的是你**爲了你自己**做這件事情。

1 無論是對方的還是你的。

法則 2

沒人必須喜歡你

即使你不喜歡某件事，也不代表它就是錯的。

曾經一名坐在我旁邊的同事，他喜歡桌面保持一塵不染的整潔狀態。無論任何時刻，我見到他的辦公桌永遠都是：所有文件排列整齊，咖啡杯放在整潔小巧的杯墊上，每枝筆、打孔器、迴紋針都各安其位。他的工作模式也是如此。每用完一件物品，一定要馬上放回原處；所有筆記一定要使用正確的顏色標記出來；每一份電子郵件都按照顏色進行編排和分類；未完成的待辦事項清單也按照優先順序、緊急程度和重要程度分類編排。

這眞是把我逼瘋了。沒錯，他不會衝動地做任何事情，已執行的工作也不會改變方向，更從不主動更新最新的想法。有時一份散亂的檔案掉落在擺放整齊的文件堆上，他也不予理會。我常常覺得他這樣子眞是荒謬極了；他限制了自己的創造力，使自己處處束手縛腳。

但是……一如往常，我不得不承認最終還是有個「但是」，那就是：如果有個突發事件，猜猜誰能比其他人更快找到相關的電子郵件？如果我們忘記了某件工作裡的關鍵內容，誰是那個可靠且提醒大家的人？誰能夠神速且有效率地組織任何活動或專案？誰總是能準時出席每場會議，並提前處理好所有文書工作、準備好備份資料，以防像我這種忘記攜帶的同事可以使用？

如果要我誠實地說，有一段很長的期間裡，我有點看不慣這位同事，因爲他不能像我一樣提出具有創造性的意見，好讓其他部門支援我們，或是在工作上自發性地行動。他做不到這些並不是因爲他把桌子整理得井井有條，而是因爲他**本來**就不是那種人。在他的辦公桌上，明確地體現出他是個什麼樣的人，以及他所擁有的獨特能力，這些都與我截然不同。而且——我漸漸意識到——至少他和我一樣是有價值的，只是類型不同而已。

我們時常認爲自己的處事方式是最好的、與我們不同的人都是錯誤的，或者至少不如我們的做法那麼恰當合宜。我還記得自己十二歲那年，我到一個朋友家裡住了幾天，發現到他們家使用另一個牌子的牙膏。我當時覺得這一家人眞奇怪——顯然我們家選擇的牙膏品牌才是最好的，否則我們也不會一直用它，爲什麼他們不也使用它呢？

我相信你也遇到過這樣的事，只是有時很容易忘記。當某人的行爲讓你忍無可忍的時候，選擇批評他們的愚蠢或者不理智是十分容易的；但是若讓你設身處地地思考他們的行爲可能是合理，只是不適合我們而已，那麼便困難多了。然而，如果你想與他人和諧相處——對你也對他們——你必須堅定地承認即便你不喜歡，也不能代表它是錯誤的。一旦我終於接受了這位同事的桌子不可能像我的一樣雜亂無章，並且覺得他這樣還不錯時，那麼要去欣賞或喜歡他就容易多了。

法則 3

人們只聽他們想聽的

溝通時不要廢話連篇。請讓你的用字盡可能精準、清晰、明確、直率。

我的一位教師朋友告訴我，要說服一個想拿高分卻選擇了錯誤學科的學生是十分困難的事，即便他本來就不擅長那門學科也打從根本學不好它。這位老師也告訴我，她必須非常殘酷才能使學生聽進她說的話。

事實上，人類天生就會選擇他們想聽的，並忽略不想聽的，這種本能深刻到人們根本意識不到這一點。但是如果你想讓別人跟你站在同一邊，並且取得他們的合作，那麼你一定要明白：若他們眞的不願聽取某些建議，你想讓自己的想法獲得認同就只會事倍功半。

這就是人類的天性。但我們沒必要爲此沮喪，行事時記得把這點考慮在內就可以了。無論是要告訴你的老闆你手上的報告無法按時完成；或者告訴你的姊妹你將無法參加家族旅遊；用詞一定要委婉，並確保自己調整到對方能夠接受的頻率來溝通事情。如果你感覺到對方接受不了——他們不斷追究細節、行事作風一如既往——那麼你就要解釋得更清楚些（最新數據要等到這個月二十一號才能收集齊全，這意味著在那之前我們沒辦法有統計數據）。如果對方看起來還是不太能接受，那就向他們提出一些問題（我們可以估算統計的結果嗎？這樣就不需要等最新數據）。**提問**能迫使對方思考核心問題，讓他們參與自己在迴避的問題。

此外，溝通時不要廢話連篇。請讓你的用字盡可能精準、清晰、明確、直率。不要跟老闆這麼說：「問題是這樣的，呃……你知道的，這個月月底完成有點難度。我是說，取得數據的時間總是非常接近交付工作的最後期限，而且我還有很多其他工作得做。所以……很難說我們能不能準時完成。」你應該這麼說：「恐怕這個月月底無法完成，我可以在下個月五號之前完成。」如果可以，你也要以書面的方式寫下來。

那麼爲什麼他們不想聽呢？這會替他們帶來額外的工作嗎？還是他們必須告訴其他人這些喪氣的事情？或者這意味著他們得不到想要的結果？又或是這搞砸了他們的

計畫？這意味著他們不喜歡變化？如果你能搞清楚他們心中的癥結點，解決這些問題也會變得容易得多。至少，你也可以把自己的想法傳遞給他們：「我知道不參加這次的家族旅行會讓媽媽失望，但我們今年確實沒有閒暇的時間去度假了。」

記住，說服他人一定是越早越好。如果你的老闆會在月底拿不到報告，或者今年的家族旅遊泡湯了，你一定要提早讓對方知道。你越晚告知，事情便會變得越糟。對方可能會說：「我知道這件事有點難，但也不是不可能完成啊！」或者「為什麼不早點跟我說？」當聽到這句話時你會很想扯下頭髮來，因為你老早就告訴他們了，只是他們根本不想聽。

對了，在你提出問題之前，「人們只聽自己想聽的」對你也一樣奏效。你也只想聽你想聽的，若能意識到這一點，你就不會太難過了。

法則4

人們只相信他們想相信的

他們必須親自感受、經歷，這都是你無法越俎代庖。

我最近讀到一篇有趣的文章：研究人員隨機挑選兩組受試者，他們對某特定主題抱持著不同的觀點，並且提供他們相同且確認無誤的統計資料和數據。然而研究人員發現，不論是哪一組受試者都只相信自己支持的觀點的資料。

我們相信的不僅僅是客觀事實，而是更願意相信與我們的世界觀相符的事情。這個世界觀是由我們的生長環境、過往經歷、交友圈、想要取悅的對象，甚至是我們如何審視自己等因素所加總的複雜綜合體。其中涵括了適用於精神層面的「信念」。因爲對人類而言，**信念與事實等同重要**。不管你多麼不同意，這是件無法抗拒的事實。

回想一下你和某人爲某件事激烈辯論後，最後對方說了：「其實你講得挺有道理」、「你的觀點挺不錯」、「我會改變我的看法」這些話嗎？這幾乎是不可能發生。因爲我們只是在事實層面進行爭論，但事實僅是信念的一小部分罷了。

再舉個例子。種族主義者與非種族主義者，都引用統計數據討論移民人口對就業市場的影響或都市犯罪率等議題，但這些數據都不是他們抱持既有觀點的眞正原因，因此再多的討論與數據也不太可能改變對方的立場。

信念形成的眞實情形是我們基於「直覺」建立出它來，然後我們會將它合理化，也就是尋找事實支持我們早已決定相信的觀點。但我們並不清楚這個過程，所以我們自欺欺人地認爲自己的觀點比對方更有邏輯。

這就是爲什麼你跟別人討論政治與宗教等話題是毫無意義的（除非和你討論的對象與你有相同立場）。因爲眞正的問題是：言辭、事實、統計數據等辯論中用到的工具，永遠都無法改變人們的信念。

大多數時候，別人的信念是你無法改變的，你再怎麼做都是白費功夫，但這並非意味著讓某些人改變主意是不可能的。能讓他們改變的必須是一種沉浸式的體驗，他們必須親自感受、經歷，這些都是你無法越俎代庖。

也許這些年來你可能突然或在沒有察覺下改變了自己的信念。所以請你嘗試回顧自己從什麼時候開始不再把選票投給保守黨轉而擁護工黨，或是爲什麼從無神論者變成穆斯林，又或者不再支持私立學校的教育制度，甚至是開始把花生油和花生醬混在一起吃。

請試著回想：你的改變有多大的可能性是和另一位不同意見者討論後而導致的？我敢打賭，沒人會因此而改變。眞正使人改變觀看世界的觀點與信念的，可能是你搬到新地方住、認識一群新朋友影響了你，自身環境發生了變化，又或者從事了一份新工作。換言之，沒有人**刻意**改變你的信念，這些改變都是源自於你自身生活經歷的回饋。

下次你與某個人激烈討論的時候，記住我說的這些話，哪怕你認爲對方的觀點愚蠢至極、不合邏輯，甚至根本站不住腳。我並不是要阻止你爲自己的觀點奮戰，我只是希望你不要對改變他人的立場心存幻想。

法則5 你的態度影響別人的回應

如果你看起來一副要吵架的樣子，那麼爭吵便如約而至。

每個人都不是活在「真空」裡，我們是社會性動物，也都需要與人互動。我們互相競爭、激發彼此的想像力。我們的情感和精神通常不是透過交流的「內容」獲得滿足，而是藉由交流「方式」得到滿足。

這不算是什麼新鮮事，它只是在提醒我們，溝通時必須確保參與的雙方（或所有人）都要積極主動才能發揮成效。試想正在與你談話的對象看起來心不在焉時，你會感到生氣或沮喪，甚至感覺自己被輕視？但你是否意識到你的「態度」也會對別人產生影響呢？

如果你想讓你的社交網絡有豐富的回饋，並且卓有成效——當然你肯定是這麼期望的——那麼你就需要覺察到你的態度在每次對話和互動中的作用。例如：如果你看起來一付吵架的樣子，那麼一場爭吵便會如約而至；如果你看起來少不更事，那麼許多人便會利用這一點佔你便宜；如果你看起來自信滿滿，其他人也會相信你能把工作完成好。

無論何時你想要從別人那兒得到**想要**的回應或者反應，你都要想清楚自己在交流互動裡應當採取的態度，這可能是一種挑戰，比如讓你的老闆答應給你證明自己的機會，又或是你想打破的僵局。所以，如果你的朋友總是聊一些你不願意談論的話題，想一想你是否做了或說了些什麼讓朋友對你施加壓力；你是不是有些不好的習慣，比如事情還沒開始就想放棄，或者即便自己最後會同意的事但嘴巴也會先拒絕？如果你想要改變，你就需要解決這些問題。下一次要堅定自若，言出有信。

我知道有些人在會議中的進度比預期慢很多，因爲他們說話時總是猶豫不決，這使他們看起來信心不足、經驗欠缺、能力不夠。尤其是當他們在句子結尾時音調上揚，那聽起來更像是在質疑自己。沒有人會試圖搞清楚這些人爲什麼會有這些反應，人們大多僅是依據這些表現來判斷他們的說辭是否足以令人信服。然而，一個人在做出同樣的推薦或建議時，如果採用充滿說服力和自信心的態度，那麼就可能會得到截然不同的回饋。

這些情況看起來顯而易見，但很多人卻無法掌握其中的訣竅。在你的周圍就有很多父母嘴裡說不願意和自己的孩子爭吵，卻還是會對孩子嘮叨個沒完、臭罵一頓，又或是質問孩子爲何愛頂嘴。你會看到有人想在會議上向他人遊說自己的想法，但表現出來的卻是一副咄咄逼人、盛氣凌人的模樣。這樣永遠都是無濟於事。

當你在說話時，你的態度並非顯而易見；因此在溝通時發覺事情並沒有按照你想要的方向進行時，請嘗試思考該怎麼樣才能如你所願。我不是說這是你的錯，也不是指你每次都得這麼做。但如果你想要心想事成，那麼就要三思而後行。

法則 6

記住你的第一印象

你可能會覺得自己之前做出了錯誤判斷，然而會在某一刻突然發現，那時的判斷其實完全正確。

我還記得我以前的一名員工，她擁有優秀人才必需的所有條件：待人友善、性格外向、能力突出、經驗豐富、直覺敏銳，是我一直在尋找的員工人選。然而她身上也有一些令人在意的小毛病，我隱約感覺她相當有心計且咄咄逼人，但沒有確切的證據足以證明這點。因此她是當時最合適的面試者，所以她也順理成章得到了那份工作。

然而在她上班的第一天，她便要求更換辦公桌。當時辦公室有一張空桌子——她想換到的——而我同意了。實際上，我是有點勉爲其難的同意這件事，因爲我隱約感覺到她像是在試探我的底線，只不過她更換桌子的理由十分恰當，所以這件事也就塵埃落定了。後面共事幾個月裡，工作還挺順利，她的表現也非常優秀。對於初次見面時的不好預感，我也忘得差不多了。

過沒多久，她要求每週上班天數縮減到四天。這次她還是有非常恰當的理由：她的母親病情嚴重需要特別照護，而且她能把五天的工作時數分攤到四天裡。儘管這份工作內容並不適用彈性工時，而我還是答應了她的請求，但也告知這項要求有些強人所難，未來不能再擅自調整工時。當時她感激我的授權且同意了這項條件。

大概又過了半年，她再次提出上班天數減至每週三天。這顯然是異想天開——畢竟我需要她待在辦公室——所以我說：「抱歉，這不行。」然後她轉身出門並放下手邊的工作，把自己的東西收拾好便離開了，臨走前還說我太難相處。她的行爲使我陷入無人可用的困境。

事實上，第一印象往往最準。某些時候你可能會覺得自己之前做出了錯誤判斷，然而在某一刻你會突然發現那時的判斷其實完全正確。現在想想這名員工在任職的十八個月裡表現出色，儘管閃電離職的行徑讓我的工作一團糟，可是我還是能迅速地從中釐清工作上的優先順序，整體來說也還算值得。現在來看，可能我還是會給她這份工作吧。

不論如何，這件事都提醒我，不要無視也別忘記自己對人事物的第一印象。你可以像我這樣，對於他人的第一印象先不採取積極的行動，只要睜大眼睛關注事情的進度便可。如果隨後事情變得棘手，也請牢記你的直覺。不要忘記這份你不能全然相信他人的感覺，或是直覺反應他們無法持之以恆，甚至直覺懷疑他們的可靠性。

如果你的擔憂最終沒變成現實，那很好，畢竟沒有人永遠是英明睿智的。但是如果事態惡化，你就要回頭想想你的第一印象。

順道一提，這也是可以反其道而行。

有時你會感受到毫不掩飾的人，實際上是忠誠、堅韌或慷慨的。也請記住你對這個人的直覺，以備將來你需要處理突發事件時能有效應對。

法則7

人以群分

當我們自身的福祉被更大群體的利益所威脅，想要支持就會十分艱難。

尋找歸屬感是人類的天性。那我們歸屬何處呢？實際上，我們都可以歸屬於或大或小、或遠或近的不同群體。你可以歸屬於你的家庭、你的城市或居住區域、國家等等。你還可以歸屬於你的學校、你所任職的公司，或健康俱樂部以及社交媒體。

你忠於你的團體——團體的定義正是如此。「團體」就是我們爲其付出忠誠的群體，我們認爲自己歸屬於它，自己是其中的一部分。當然，我們對有些團體的忠誠度和歸屬感會高於其他團體。大多數人與家庭的連結最爲緊密，其次是居住的社區，再來才是區域性團體、國家等等。如果你在一家公司工作，你會覺得自己是公司的一部分，而且你和自己所在部門的連結肯定是最爲緊密，然後是所在部門或者分支，隨後是地區部門，以此類推。有時你還可以繼續細分：直系親屬、旁系親屬、遠親（比如表親）。

這些團體都會替你帶來好處，直到團體之間發生利益衝突。例如對公司有益但卻不利於你所待的部門，又或是整體對國家有利但卻不利於你所居住的城鎭，那麼你有很大可能會把距離你最近、關係最爲緊密的團體放在第一順位。又或者是，你也許會讓理智壓倒感性，來認同更多人得利的一方。不過大多數人不會如此。

這是全球性問題的根源。以國家層面來說，你可以稱其爲愛國主義，或是稱它爲保護主義，這完全取決於你的觀點。無論如何，人人都希望這世界上的所有人平安喜樂，但無論這股意願有多麼強烈，只要我們自身的福祉受到更大群體的利益所威脅時，想要支持對方就會十分艱難。

這是人類正在共同面對的議題。我們是社會動物，本能使我們與關係最緊密的社會群體表現出最牢固的連結和最有力的保護。這並不是說維護自己的團體利益就是正確的做法，只能說全人類都傾向於這麼做。如果你想讓人們維護你的利益，那麼你得設法讓他們認同自己跟你屬於同一團體。

超市的會員卡便是採取這種做法，他們希望你對他們保持忠誠，這樣你才會持續購買他們提供的商品。他們會讓你認爲你屬於「樂購團體」或者「沃爾瑪團體」之類的。不過事實上，消費者們也不是笨蛋，光憑一張會員卡可無法適用全部的人們。然而精明的商人也總能找到增加歸屬感的方法。

我不想判斷這種事情的對與錯，甚至是評斷你試圖理解或者影響人們行爲的時候所採取的立場，只是上述的這些因素我們都必須考慮在內。希望大家理解，團體矛盾的根源時常出現於朋友或同事的舉動之中，還有在政治上擔心團體受到威脅後可能會導致的情況，例如，英國退出歐盟的最終成果，是利益團體的政治活動與本國*之間強固的連結遠比國家重要。

* 編注：home nation在政治上指英國組成的國家（英格蘭、北愛爾蘭、蘇格蘭、威爾士）。

法則 8

每個人都渴望被重視

一句「謝謝你」很好，再多說一些效果更好。

低自尊是造成生活苦悶或者罹患精神疾病的原因之一。許多讓你抓狂的行爲，像是從霸凌他人到超強的控制欲，都可能是「自卑」造成的。

近年來「自尊」這個詞變得越來越普及。在我還小的時候，人們常用另一個詞——自我價值——來說明同一件事。某種程度上我更喜歡過去的用法，因爲它表達的意思更明確：將自己視爲有價值的。

擁有自我價值就像每個人在表象的保護下所感受到的舒適。在人生有時順風順水，有時步履維艱的道路上，有些人需要比別人更加努力才能得到這份認可。比如當父母們哺育孩子時覺得自己是有價值的、重要的、有用的；但當孩子們紛紛獨立離家，自己也已退休悠閒時，他們便開始懷疑自己對其他人是否仍有價值。

有些青少年也開始努力獲取認可。尤其是在西方國家，人們並不指望青少年能爲社會或是國家做出貢獻，因此他們時常難以認同、感受到自己的價值。所以很多年輕人開始在週六打零工、在家裡做做家事，從中找尋自己的價值。

在不去貶低他人的前題下，你不必爲任何人的自尊負責。不過明白每個人都需要自尊仍舊是十分有意義的事，即便是你自命不凡、魅力超群、自信滿滿的同事也是如此。也許他們已經建立了健康的自我價值感，但當他們的自尊遭到貶損或者摧毀時，他們也是會痛苦萬分。

很多人不曾意識到他們在何時受到重視，尤其是他們不管何時都在懷疑自己的時候。我們大多數人都需要別人告知才得以確信自己有價值。因此，如果你想讓某人對自己好一點，就讓他們知道他們在什麼時候給予你有用、有價值的幫助。甚至一句謝謝就行了，當然你也可以多說一些：「謝謝。我不知道你怎麼這麼快辦到的，但這讓我今天輕鬆不少。」當你敘述得越具體，你的誇獎就越真實可信。所以囉，哪怕只是一句「謝謝」也比不置一詞來得好。只不過這個好也是有限的。

你會發現如果你誇獎別人並讓他們感覺良好，與他們的合作也會更順利。這就是雙贏的結果。所以當別人做出貢獻時記得去褒獎他，這樣他會渴望更多受人重視的感覺，而你也會得到你需要的幫助，以及爲別人的自尊增添些能量，何樂而不爲呢？

法則9

唯有喜歡你，才會開你玩笑

一旦你明白開玩笑是表達情感的方式，那麼被開玩笑的瞬間就會變得充滿正能量。

有些人討厭被開玩笑，因爲他們覺得自己像是被批評了。通常我們會以對方身上被視爲缺點、或個人特質中較獨特的部分拿來開玩笑，因此有時玩笑看起來像是在批評別人，例如有些人做事拖拖拉拉、特別喜歡在某個話題上說個不停，又或是他們的穿衣打扮。有時我們甚至會把別人的優點當作缺點拿來開點玩笑，像是說別人預測超準，或者總是準時出現。

而開玩笑的精髓在於——溫和地取笑某人特別的特質，並將它裝扮成負面且以幽默方式來表達。

當然，倘若越線，玩笑就會變成嘲笑——後者是取笑別人並讓別人的**缺陷**引人注目的另一種方式。嘲笑和開玩笑是截然不同的事。

區別如下：嘲笑是透過某種方式讓別人感到不適，被嘲笑的人必然會感到難堪；而開玩笑則是充滿情感的事情。我們只對喜歡的人開玩笑，本意是藉由談笑或者幽默來拉近與被開玩笑者[2]之間的距離。開玩笑是正面積極的感覺，讓人心情愉悅。想想你開過玩笑的那些人——家人、朋友、喜歡的同事。我們不會對不喜歡的人開玩笑，但或許我們會講些狡猾的言論（好吧，如果我們不是參與者，確實「或許會」）；不過開玩笑則是有情感充斥其中的，它只留給與我們有情感羈絆的人。

我知道很多人不喜歡被開玩笑，然而一旦你明白這是一種表達情感的方式，那麼被開玩笑的瞬間就會變得充滿正能量。更重要的是，我們只對自己喜歡的人開玩笑，所以我們不會用調侃的方式來強調對方眞正的缺點，也不會讓對方以爲玩笑話是認眞的。假設你的一位朋友老愛在最後一刻才取消約會，而這件事困擾你許久了，你是不會拿這件事來當玩笑話侃侃而談，因爲你不想冒著惹惱他的風險。即便你眞的想解決

2 在本書書寫時teasee不確定是否為正式字辭。

這個問題，也請你用認眞的態度來面對處理。

這表示你很確信，被拿來開玩笑的事情不會被對方當眞，或能分辨哪些事情不適合拿來開玩笑。因此，如果你的同事調侃你上班時總是一副宿醉未醒的樣子，要麼那根本不是眞的，要麼是他們覺得開這玩笑挺好玩的。因此，若是你睡眼惺忪的模樣讓他們感到困擾，他們會坐下來好好地跟你講清楚。

當然，如果某人不恰當的玩笑話讓你感到不愉快，你只要解釋清楚你不喜歡他們拿這件事開玩笑就可以了。如果他們眞的喜歡你，他們會樂於調整自己的做法。

法則10

越過玩笑就是嘲笑

任何人一直重複明知會傷害別人的話，那就是言語霸凌。

你可以在這個法則上抱持自己的見解。畢竟同樣一件事，一個人認爲是開玩笑，另一個人可能認爲是嘲笑，甚至是言語上的霸凌。上一條法則講的是明顯充滿情感且無傷大雅的玩笑，但這一條則是關於玩笑話和言語霸凌之間的灰間地帶。我用「嘲笑」這個詞表明這種玩笑已經讓對方感到不開心了。而這塊灰色地帶最明顯的特點是，犯下這種行爲的人可能並無意冒犯另一方（而霸凌行爲則是持續存在、並蓄意傷害對方），但也會給聽者造成等同霸凌一樣的傷害。

關於嘲笑最麻煩的一點是，我們很難以客觀與明確的方式來判斷。比如，一位與你要好的同事可能開玩笑地貶了你一句，你可能會覺得挺好玩，並且也以機智的回應來反駁他，甚至樂在其中，可是同樣的話對其他同事來說，聽起來可能就十分地刺耳。在此種情況下，很難講這位同事是在嘲笑別人，因為他並不是有意在傷害別人，可是事實上還是造成了傷害。不僅僅是說話的內容，也不全是說話的方式，更是端看這句話是對**誰**說的。

這正是我認為**嘲笑的灰色地帶**。顯然的，它不應該發生，因為有人會為此受傷，甚至因此造成永久的傷害。就像上條法則說過的，當被開玩笑的人是你親近的人，我不會稱之為嘲笑，因為那是帶有情感的玩笑話，並不為過。所以你親近的人對你說這話沒問題，但他不能對其他關係普通的人這樣說。同樣的話，對不同的人說，卻有不同的結果。有點令人困惑，是嗎？除了關係的親疏遠近，其實問題也在於我們有不同的經歷和不同的世界觀。對同樣一句話，有人會受傷害，有人則一笑置之。當然，你不知道原因何在，或者在他們反應之前你也不知道會發生什麼。

這也就意味著，當你要跟別人開這種調侃式的玩笑時，你得留心別人的反應。如果你明顯越界了，對方的反應也會讓你知道開這種玩笑並不妥當，那麼你最好適可而止、下不為例。如果你仍對同一個人反覆開這類玩笑，那麼你已經踏進霸凌他人的範疇。是的，你明知道你說的東西會傷害到別人，但你還是一直說個不停，這就是無可爭辯的霸凌。以此類推，任何人——哪怕是你的朋友——不斷重複明知會傷害到別人的話，那就是言語霸凌。

有時最糟的嘲笑往往發生在朋友圈裡，因爲不停地嘲笑朋友圈裡的某個人是有助於**鞏固團體**。比如，所有人都會拿某個人的身高來開玩笑，因爲這種行爲可以證明你是團體的一員。通常這個圈子裡的所有人都會有類似的特點會被拿來開玩笑。與此同時，某人想要待在這個團體裡，但他內心非常憎恨別人諷刺他的身高。他們會感覺自己被霸凌了，但卻不會對外說出來。

朋友圈裡的嘲笑會成爲嚴重的霸凌行爲，但是受害者卻無法表達出自己受到的傷害，因爲說出來會損害到他們在團體中的資格，而他們又覺得自己無法離開這個團體。作爲本書的讀者，毋庸置疑，我們必須確保這樣的事情不會發生在我們與朋友之間，我們也不要參與這種行爲，甚至盡可能地阻止這種事情的發生。這並不容易做到，但我們得努力嘗試。

法則 11

每個人都不安的時候

他們的內心深處也會有自卑和焦慮。

你曾經在會議上簡報過嗎？那眞是挺恐怖的經驗。不過也不是每次都那麼恐怖，只是當你有想要達成的目標、想讓主管對你印象深刻，又或是這份簡報還得影響更高階的管理者時，你當然會感到緊張和焦慮，這是理所當然的，畢竟這份簡報就顯得十分重要，而且不容許半分差錯。

然而有些人在簡報時駕輕就熟、十分自信的樣子，就像是替自己做三明治或是出門散步般輕鬆，究竟哪裡出了問題？爲什麼自己做便是心神不安的樣子呢？

這其實都是一種表演，你明白的，大家都差不多。這些看似駕輕就熟的人們內心和你一樣焦慮緊張，只是「看起來」鎮定自若罷了。他們怎麼會不擔心呢？他們的簡報和你的同等重要，要是他們不擔心才奇怪吧。

我知道總是有些幸運兒，他們是自信爆棚又經驗老到的演說家，從來不會感到焦慮，但是這類的人們遠比你想像中還少。也有些人從不緊張，同樣的，他們也不過是少數。即便你因爲緊張、過度換氣到快暈倒了，然而像你這樣的人還是比你想像中多更多。

有一件事值得注意，即使能從容應對工作簡報的人，也可能會在其他場合中變得緊張不安。每個人感到緊張的地方以及緊張的程度皆不相同，有的人也許是在聚會中，有的人或是爲別人做飯時，有的人可能是在游泳、工作面試、建立關係、看到蜘蛛、待在醫院，甚至是做愛時。迥異的人生經歷塑造了性格各異的我們，每個人都經歷過不安、擔憂和焦慮，無人例外。

如果你想理解一個人（這也是最有效的交往方式），你就得知道不管這個人看起來多麼有自信，但他總會有某些潛在的不安。你可能永遠無法看到，可是它確實存在。有時候你認爲某人有著出乎意料的從容和鎮定，可能正是因爲他們內心深處的自卑和焦慮。有些人在承受重大壓力時會變得易怒，那是因爲他們認爲這些事情令人害怕，即便這些壓力是他們給自己的。有些人自我封閉或是過於敏感，會對某件事發表荒唐的言論；那是因爲他們意識不到內心的不安，又或是覺察到這點卻不願承認。所以與他們交往時，我們要注意這些潛藏的不安，即便眞的碰上了，也要待人以寬，因爲你也體悟過不安是什麼滋味。

法則12

本性難移

你不要想著某人能如你所願的變成另一個人。

在遺傳基因、家庭教養和人生經歷的影響下，每個人都是獨一無二的。這些因素我們無從改變，卻也造就我們的卓爾不群、與眾不同。

我不知道你是不是烹飪高手，但是只要你把雞蛋、麵粉、奶油和糖攪拌均勻，你大概能烤出個蛋糕[3]，也不需要別人多顧慮操心。如果你想換做歐姆蛋，那麼你就不能把糖放進去（實際上也不用放麵粉和奶油）。但如果你已預先準備好這些材料，那麼也沒什麼可調整與改變的空間。

3 你還會需要烘烤它們。我只是舉例你不須是個貨真價實的廚師也辦得到這件事。

這套理論同樣適用於人類：「人」就是由不同的遺傳基因和特定的人生經歷組合而成的。大多數人都不會去考慮自己是如何**長成**今天這個樣子的，所以有時我們也無法控制自己的行為、反應和感覺。

審視並認定他人「不應該」做某事總是特別容易，不過實際上他們並沒有太多選擇權。你或許認為你做得到截然不同且正確的成果，但那也只是因為你的「配方」跟別人的不一樣。就像是一開始不放麵粉和糖，但你加入等量的起司，那麼你就能做個美味的歐姆蛋。但是他們做不到。

這並不是說即便我們願意也無法改變自己。我們都能做到知錯能改，這是因為我們有能力做出選擇，並且能決定自己是否處在能改變自己的環境中。又或者是，我們現在還無法做出選擇，這可能是因為我們還需要適當的「配方」才能做出改變。

無須理會自由意志和宿命論（儘管這是挺有趣的一種觀點）之間的哲學思辨，我在這裡只說多數的人們。這項法則是在說：在任何行事作風上，其他人面對的選項與你不同（如果他們還有選項的話），因此你不要指望某人能如你所願而變成另一個人。不論是你那無法信守承諾的伴侶、從不合理分配工作的老闆、身無分文的孩子、不懂表達情感的父親，又或是總愛批評你而非鼓勵你的姊妹——想讓他們變成你理想中的樣子，你可能會先瘋掉。因此，試著接受他們的眞實本性，會使你的日子更輕鬆容易些。

如果你的主管無法合理地分配工作且不懂得授權，很可能是因爲他的人生經歷和先天個性等複雜組合後產生的結果，除非他**選擇**改變，否則他永遠無法知人善任。與許他們眞的想改變卻也無能爲力，畢竟想要讓人改變難如登天。假設只有在你的伴侶願意改善對婚姻承諾時，你們才能琴瑟和諧，不然這段關係恐怕也是緣木求魚，因爲他們的態度就是他們天性的一部分啊。當然，你也可以改變你對承諾的標準。可是，你願意改變嗎？

法則13
行為跟本性不一樣
有些時候，能改變一個人的行為就已經很棒了。

這條法則緊隨上一條法則，如果上一條法則看起來灰暗無望，那麼這條法則會讓你感到光明多了：即便人類的本性難移，但人們還是偶爾會改變自身的行爲。

但如果你認爲這條法則是靈丹妙藥、包治百病，那麼結果可能會讓你大失所望。面對改變，有些時候我們會出現排斥反應，尤其是當我們被逼著違背自己的本性行事時。所以在看了這條法則後不要以爲：「這下好了，我那過分嚴厲的姊妹是可以變得不再吹毛求疵。」理論上是如此，可是她的內心還是會有強烈的掙扎。因爲不管出於什麼原因（她的本性或是人生經歷），她就是認爲自己是對的。可能她覺得這麼做才是誠實的表現，或者認爲這麼做是爲你好。在這種情況下，你怎麼能指望她會改變呢？就算她不再言語批評，她的內心仍然是會這麼想。這是你無法抹滅的事實。

其實，有些時候能改變某個人的**行爲**便已足矣，因此你也就別太在意他們的本性了。這就像是得到你老闆的授權等同於得到勝利，至於誰該在乎他們的本性？無論如何，那個人絕對不是你。然而當一個重大任務隨之而來，他們又回到舊有的行事作風時也別太意外，因爲他們確實沒有改變過自己的本性。在面對高風險的情況時，過去授權他人的恐懼經驗使他們重拾本性罷了。

假設你的伴侶做事方式一團糟。你永遠在廚房裡找不到想要的任何東西，因爲物品總是被到處亂放。也許你能夠說服伴侶養成物歸原處的習慣，來減少爭吵的次數，哪怕對方的本質依舊沒變，這也值得去嘗試看看。畢竟對他們來說，做出改變會讓他們內心產生掙扎，尤其在他們感到緊張、壓力大，或者在做一頓大餐時要保持整潔就更加困難了。但總歸還是有效果的。

在明白這項法則後，也許能爲你所面對的問題開啓一道曙光。你身邊的人都是自身經歷的產物，當他們改變自己的行爲時，是需要新的經驗來取而代之。在你的伴侶明白待在乾淨整潔的廚房做飯是怎麼感覺，你的老闆也學會分配工作以減輕負擔，隨著時間累積新經驗後的他們，性格上或許會被慢慢改變，可能會變得井井有條或者能夠張弛有度，那些他們過去看來相當恐怖的事情，現在他們也會發現換個方式做挺好的，甚至還會覺得大有裨益。

但也有可能他們不這麼想。如果發生任何事情加深了你老闆對授權的恐懼，他們的做事方式可能會變得更糟；又或是你的伴侶一如既往地遭到挑剔，他可能會再次認為自己受到約束、萬分委屈。你不能假設行爲的改變是能導致性格的改變，但如果連行爲的改變都沒有發生，你或許可以放寬自己的心胸，從改變自己的行爲開始。

法則14 不要妄加猜測別人的關係

每對關係都與眾不同。

現實生活的運作不全然如標題所言。我們都難以從外在觀看出別人的關係是多麼地奇怪或精彩，當然你的關係也是如此。有的關係裡，雙方看起來相處融洽，實際上卻是相當不愉快，甚至彼此之間會惡言相向；有的關係裡，看起來令人擔憂，但實際上他們不過是各取所需。即便是非常緊張的關係，也總有人需要，即使這種關係不盡如人意。所以不管別人的關係看起來如何，你都不會知道關上門後發生了什麼事，即使（尤其是）兩人之中有一人對你知無不言。

讓我舉些發生在我認識的夫妻之間的例子：

- 某對夫妻從來不吵架，看起來幸福美滿。實際上兩個人都討厭衝突，所以這段關係裡隱藏了一大堆懸而未決的問題。
- 某對夫妻經常吵架，兩人的個性都比較熱情，喜歡釋放自己的感受，也很享受爭吵後重修舊好的感覺。實際上他們過得很幸福。
- 某對夫妻常常爭吵，其中一方不覺得有什麼不妥，另一方卻對此深感不滿。每當他們討論起這件事，總是另一場爭吵的開始。
- 某對夫妻的一方是個控制狂，另一方覺得這沒什麼不好，甚至享受完全依靠對方的感覺。
- 某對夫妻的一方總是抱怨另一方不求上進，但當對方開始有所作為的時候，這個人卻總是挑剔和批評，還說對方多麼無能。

以上是小範圍的案例，也是極度簡化過的，實際上每對夫妻關係都有他們的特別之處。但道理是一樣的：永遠不要去評斷別人的關係。

這條潛在的法則僅適用於一般關係，特別是父母和子女之間，而不適用於情侶們。請記住，這兩種關係不可同日而語，因為你和你的父母（子女）是血濃於水、不可離棄的（除非你用極端手段徹底斷絕了這種關係）。但確實也有些戀人，不管是出於什麼原因，他們彼此羈絆、無法分開。

所有的關係都會涉及兩個人，是兩人共同創造的。在關係裡的我們，也許會心滿意足、選擇逆來順受、溫良順從，或是咄咄逼人、毫不退讓。但不管是選擇順從還是好鬥，它肯定是有效的，否則這種關係早就破裂了。記住這點，尤其是當你試著去理解你的兩個朋友如何相處時。

這麼說來，如果你和父母相處起來有些不愉快，這種不快是二十歲以前積累下來的。即便如此，你也不應該放棄，你要找到與父母和諧相處的方法，積極努力地去改善它。

法則15 說大話是為了留下好印象

無須證明自己從不譁衆取寵——因為毫無必要。

你是否聽過某人談論他在自己的領域裡是多麼聰明和自信？比如某些政客、頂尖商業人士、成功演員、作家、喜劇演員、運動員。他們不是想證明什麼，單純是在抒發內心的喜悅。他們總是平易近人、喜好交流，從不高深莫測。那是因爲他們與人相處時不需要設限，更不用向世界證明些什麼。

當你看到某個人試圖用某種方式打動你時，這是一個很棒的徵兆，意味著他們正感到不安並嘗試彌補。因爲他們認爲當自己展露眞實的一面時，你會以此做出評價，因此他們會極力掩飾眞實的自己。例如，有些人對家境窮困的背景耿耿於懷，一旦變得富有，常常會炫耀財富來宣示自己脫離貧困。

關鍵在於，他們不滿意自己貧困的出身背景，覺得你會以此評判他們。實際上，你可能根本不在意他們的出身，但問題就在於他們對自身的看法。也有一些人會自傲於能自力更生脫離貧困，不過卻羞於提及自己的背景。

另一種表現方式就是：這些人會使用長名詞和長句子來讓自己看起來博學多才。他們認爲（錯以爲）如果你知道他們的學歷不高，你會因此而看輕他們，所以試圖用複雜的語句和單字讓你誤認爲他們很聰明。或者更確切地說：比他們自認爲的更聰明。其實他們的表現和你怎麼想根本毫無關聯，這只是再次驗證了問題在於他們對自己的看法。

實際上，我們判斷一個人的語言應用能力時，只會觀察他們是否簡潔有力且清晰地敘述，而不是過度展現複雜的詞彙。無須證明自己的人從不譁眾取寵——因爲毫無必要。誇誇其談的人以爲他們是在打動別人，實際上他們只是在打動自己。

如果某人眞的來自貧困家庭，或者很不幸地沒有接受過太多的教育，那麼他們應當得到我們的支援才對。但是本文談及的這些人以爲我們會對他們妄加評論，即便我們根本不會這麼做。所以下次在遇到有人想說大話打動你時，我們要多寬容並試圖理解背後的原因。

法則16

直接溝通不等於正面對質

當問題亟待解決你卻一直逃避時，矛盾會一直存在。

事實上，只要你們的行為都像成年人一樣，基本上就沒什麼必要正面迎擊。問題是，有些人過於擔心直接溝通會變成正面對質，寧願把問題暫時擱置。這相對是安全的選擇，不是嗎？至少他們可以避免正面衝突的風險。他們擔心討論問題時會讓對方負氣並摔門離開、傷害到彼此的感情、留下可怕的氣氛。

我記得是一位朋友告訴我這件事。當時她正因為家庭聚會的成員們發生爭吵而心情糟透了，而她發現家庭聚會時的爭論關鍵點是，大家對於外出用餐還是在家吃飯有不同意見（誰都不想做飯，但有些人付不起外出用餐的費用）。當大家還在爭論不休時，因為她不想引發衝突所以什麼話都沒說。隨後她的哥哥發現她早就知道問題在哪裡卻沒說出來而生她的氣。

諷刺的是，若我的那位朋友不畏懼直接溝通，誠懇又直接地提出問題，與家人們討論，那麼衝突根本就不會發生。總是把迴避正面溝通作爲最佳選項的人，有時會無意間造成更大的爭執。也許不正面溝通確實有時能避免爭執，但代價通常不菲。如果有些問題亟待解決但卻老是逃避，那麼矛盾便一直存在，無法解決。

因此你得知道你身邊人的脾氣秉性。哪位同事、親人、朋友寧願把沮喪和憂慮僞裝起來也不願讓你知道，生怕惹你生氣。也許你總是大動肝火，也許他們是杞人憂天，即使實際上你並不是那種人。他們對你的認知是否正確並不重要，眞正重要的是，如果他們不肯開誠布公，那麼你就搞不清問題到底在哪裡，反之亦然。在問題徹底解決之前，你們之間不會如你期望般具有建設性，你們相處時總會感到彆扭、猜忌、無法坦誠相待與合作。

我希望你已經搞清楚這種事該如何應對。是的，你必須得把話說開。這顯然有點難度，因爲你不知道到底是什麼讓他們不滿，也是因爲哪怕你稍微有點不高興的樣子，對方就會閉口不言。但不要擔心，有種老辦法一定能奏效。

他們的問題也是你的問題。所以，跟與他們聊聊你的想法，告訴他們：「**當你這**

麼做的時候，我覺得……。」例如「當你不說話的時候，我會以爲你在生我的氣！」或者「當你不告訴我發生什麼事時，我會覺得你不信任我。」這是一種相對中立、理性、非針對性、非爭論式開啓對話的方式，也表明你根本無意引發爭吵，你只是想搞清楚問題的根源。請記住，這也是他們的問題，如果他們也想解決這個問題的話，現在你給了他們一個臺階，讓這次對話變得友好而富有成效。而且說不定過段時間，他們也學會如何向你提出自己的問題。誰知道呢。

法則 17 緊張是因為在乎

善於覺察他人的難處，學會同理安慰，和善待人。

你在什麼時候會感到緊張？發表演說？剛到新公司上班？在球場板凳上等待進場？與某人開啓艱難的交談？參加考試（或者等待考試結果）？

當你眞正感到緊張時，你的身體會微微顫抖、冒冷汗、說話開始語無倫次、心跳加速、手腳痠軟，甚至你會開始胡思亂想，通常伴隨著擔心哪些環節可能出錯，如果眞的搞砸了情況會有多糟糕，你會想像各種丟臉或災難性的畫面。

因爲事情眞的搞砸了會很恐怖，不是嗎？我的意思是，你是眞心在乎，非常在意，這才是你會感到緊張的原因。這看起來很明顯，但你可能也沒時間思考這些，因爲當時的你忙得焦頭爛額，根本無法冷靜下來，只是一股腦地想到失敗的後果。

現在，讓我們假設個情境：你即將步入考場。你之所以參加這場考試單純是被告知必須參與，但你並不喜歡這門考試課目，即便考試不及格你也無所謂。你懶得複習考試的內容，反正不及格也不會造成什麼影響——這場考試看起來毫無意義。這時你還會感到緊張嗎？當然不會，因爲你不在乎。

因此，當你遇到看起來特別緊張的人時，請記得，對他們而言「把事情做好」是件極爲重要的事。不管他是球隊的新隊員、即將在會議上進行簡報的同事，還是向你尋求幫助或者建議的人——他們緊張是因爲眞心在乎。這其實是件好事，這表明他們有企圖心和動力，並且渴望成功。

所以我們要善於覺察、學會同理安慰、和善待人。千萬別告訴他們「不要緊張」——他們是在擔心自己讓你失望，或者已經緊張得無法思考。所以，別那麼說。你要做的是**幫助**他們緩解緊張，教他們如何完成好任務，讓他們知道你很高興他們的緊張是出自於重視。

治療緊張的靈藥是**自信**，以及藉由熟知自己正在做的事來緩解緊張的情緒。如果你踏上賽場時知道自己是最好的球員、站上講臺時知道自己能從容完成演說，或者在進入考場前已經徹底複習並足以回答任何問題——那麼你就根本不會緊張。所以當你身邊有人看起來很緊張時，你可以安慰與提醒他們已經做了充分準備，也可以陪他們再準備一遍，或保證他們不會在沒有準備的情況下完成眼前的工作。

法則18

憤怒等同悲傷

憤怒對有些人而言是在偽裝怯弱和無助。

我認識的某些人，他們會對別人的一丁點反應感到憤怒。在這些人之中有人告訴我，那些事讓他們感到很糟糕，並說「我感到沮喪和憤怒」、「難過和憤怒」、「受傷和憤怒」，或是「尷尬和憤怒」。不管其他情緒如何，裡頭總有憤怒相伴。看起來**憤怒**像是他個性裡的原始設定。

有些人就是天生易怒。我們每個人都有感到憤怒的時候，而本法則說的是那些人生大多時候都在憤怒中度過的人，他們的情緒隨時都處在爆發邊緣。

想想你在生氣時的感受。你看起來會令人心生畏懼，因爲憤怒讓你在某種程度上變得更有力量，顯露出積極主導的行爲，而非被動接受的狀態。所以理解憤怒之人背後的關鍵在於：憤怒是他們在僞裝怯弱和無助的情緒。他們討厭那些感覺，所以用一種能讓他們感到更有力量和控制的反應掩蓋怯弱與無助，而這種反應就是憤怒。

我們都曾這麼做過：你的孩子在馬路上到處亂跑還差點兒被車撞，你一把抓住他並且直覺地對孩子怒吼。事實上，你眞正感受到的是恐懼[4]，這是一種無助且無法承受的情緒，所以你用憤怒的方式發洩出來，這會讓你感覺自己更有力量和控制權。這樣的情緒運作是合乎常理的。

通常易怒的人總是長時間處在這樣的情緒狀態下而非偶爾才發怒。我無法解釋爲什麼有些脆弱的人總是如此應對他的生活，而其他人卻不會——畢竟我們彼此不盡相同，有著無數因素影響著我們的決定與做出的反應。例如，男人在小時候都被大人說過「男兒有淚不輕彈」，這一點都不稀奇，男人得找一種不那麼軟弱的方式來表達悲傷。但我能告訴你的是：憤怒的人都很悲傷，或是受傷、害怕、羞愧，而這些情緒也都是非常傷心的狀態。

在知道他們的情緒爆發某種程度上是因爲無能爲力時，這有助於讓我們同理他

4 用我孩子的話說，這是「後見之憂」。

們。如果他們感到被輕視、窘迫，或者認為自己被忽視、害怕失敗或者懲罰時，你便可預期到他們會藉由攻擊來重拾力量和控制權。

所以在面對發怒的朋友、親戚、同事時，基本上你是無能為力，因為背後的原因可以追溯到很久以前。可是只要你能理解他們其實有著深刻的傷痛，或許就能幫助你以同理應對。他們可能沒遇過有同情心的人，儘管如此，他們仍值得被同情。

法則19 哭泣不一定是傷心

不要認為你看到的情緒就是真實的。

這條法則和上一則剛好相反，如同上一條法則較適用於男性，這一條則對女性更加適宜。

正如你所知道的，許多人會因傷心而哭泣，也有些人哭泣的原因不止於此。哭泣是多種情緒的表達方式——我們會因爲欣慰、欣喜若狂，或是滿懷愛意而流淚。當然了，你還是可以分辨出對方的哭泣可能是在表達負面情緒，但哭泣卻不全然等同悲傷。

最常見的案例之一便是：在「表現怒氣代表著不夠淑女」的教養環境長大的女性們（我也不明白原因）。倘若妳是在這樣的教養環境長大成人，那麼當妳感到憤怒時，學會用哭泣來表達情緒便不足爲奇（也是因爲女性而被允許）。

通常這種反應會延續至成年。當你看到有人面露憂傷、低頭啜泣——這時你還不知道此人實際上正怒火中燒——而你去安慰說：「啊，好了好了。」並且發出憐憫的聲音時，對方多半不會領情。沒有人在生氣時還會想聽到這種話。所以當你對一個哭泣的女人表達同情但對方的反應卻不太妙時，想想你是否用錯方式在表達同情。

不只是「哭泣」和「憤怒」會掩蓋人們的眞實情緒。實際上，想要讀懂別人的情緒，尤其是你對這個人不甚瞭解時，往往只會讀出一頭霧水。有時情感表達也會很直接，只是當大家的情緒都玩躲貓貓時，是眞的很難猜測和應對。

還有一種人，他們會用幽默來掩蓋自己的恐懼和失落。有時最好的應對方式是讓他們獨處——顯然他們想掩飾自己的心情。那你又何必格外關心，使他們更難堪呢？但有些時候他們也確實需要幫助，例如當他們努力隱藏眞實和重大的恐懼時。

所以，這條法則的道理便是：別認爲你所見到的情緒就是眞實的。也許，它可能是眞的，但如果對方在其他表現與情緒不太一致時，你就需要考慮其中是否有其他更微妙的情緒。如果你想要幫忙（這麼做也很好），那麼你就得搞清楚問題的根源，而直接詢問當事人就是最簡單的方式。

法則20

有時只是無心之過

無心之失並非有意作惡。

我想起我的一個同事，他覺得自己應該被邀請參加某次會議，可是他卻被拒之門外而感到受傷且沮喪。之後有很長一段時間裡，他都在擔心自己是不是遭到忽視，但卻不詢問他的主管沒被邀請與會的原由，只因爲他不想被當作是個任性或需要特別關心的下屬。我們所有人都要他別太在意，可是他仍耿耿於懷。不管怎麼說，那次的會議在進行了五分鐘後，主管便問起爲什麼那名同事沒來；我們解釋他並不在與會名單中，最後查證出來基於某種技術問題使他的email不在發信群組裡，可是主管根本沒注意到這點。

我的同事苦苦思索自己沒被邀請的原因，唯獨沒想過這可能只是個意外。他以爲主管是在深思熟慮後才發出與會名單，實際上主管根本沒有考慮過這個問題。諷刺的是，這種可能性他從沒猜想過。

類似的情況屢見不鮮。本條法則名爲「有時只是無心之過」，其實也可以叫「所有人都會有無心之過的時候」，這樣的句子描述會更加精準些，因爲我們總會犯下類似的錯誤。試想，你是否也會常常錯過與別人的約會，或者訂下聚會日期後卻忘記你最好的朋友在那個時間根本無法前往？這很常見，對吧，如果我們是受害者，粗心失誤也是我們最後才會想到的可能。

有些時候，只是一個能被理解的誤會卻帶來意想不到的後果，就像我的同事。因疏於草率行事造成的烏龍事件，我們常稱之爲「無心之過」，換句話說，當事人原本應該想到的，卻沒能確保事情如他想像中的進行。不管如何，這都不是有意爲之，無心之過並非有意作惡。

我曾親手爲一位朋友製作生日蛋糕，可是我卻完全忘記她對麩質過敏。這件事眞是愚蠢至極，我眞恨不得揍自己一頓。最糟的是，出於某種原因，她認爲我是故意的，還因此傷心難過許久。雖然最終她相信我不是故意的，但我仍然無法原諒自己，因爲我本來就該避免這種愚蠢的錯誤發生。

當某人做了一些似乎沒道理的事情，而你在揣測他們的動機時，請始終想想：有可能他們只是無心之過。這會比認爲對方是故意冷落、冒犯、排擠、激怒、使你感到沮喪要來得容易許多，而且無心之過往往是眞正的答案。

法則21 卯不對榫

唯一可行的方法就是改變「孔洞」，因為「方釘」永遠是「方釘」。

我曾與一位智者一起工作過。他指出，世界上幾乎每個人在工作時都可分爲兩種類型：「專案導向」或「基於常規」。這兩種類型都有著各自的偏好。就我個人而言，我更喜歡前者，這也是我開始寫書的原因。我可以從頭到尾地參與一件事，然後再從頭開始嘗試其他新鮮的事物。我曾在許多公司的不同部門工作過，要我一直重複同樣的工作，我會感到厭煩和沮喪。至少，從我的視角看是如此。

當然，也有人喜歡待在同個地方穩定地工作下去——偶爾會有晉升機會——他們會在我無法看到的細節裡找到不同之處，畢竟我總是急著去做下一件事情。這個世界充滿了這兩種類型的人們，在各種階層領域，從社會新鮮人到高級主管比比皆是。而世界也需要這兩種人。

奇怪的是，求職顧問從未向人們提起過這兩種工作的區別。如果你喜歡做專案卻應徵了循規蹈矩的工作，抑或相反，那麼你工作起來不會開心。應該要有更多人向年輕人與尋找新職業方向的人指出這點。

這只是「卯不對榫」（方釘進不了圓孔）的其中一個例子罷了。在許多領域中，也有很多人強行把自己塞進不適合的孔洞裡。例如有些父母不適合天天待在家陪伴孩子，有些管理者善於組織規劃卻不擅長管理職員，有些人喜歡獨自工作，也有些人喜歡跟人打交道。

我的觀點是，別做徒勞無功、白花力氣的事。我能理解人們爲了適應環境而做出改變自己的行爲，但有時候問題與行爲本身毫無關係，反倒與我們內在固有的屬性有關，而這卻是我們再努力也無法改變的。所以你不能強求把圓孔裡的方釘磨圓，因爲這是不可能的。無論是你的孩子無法將外語說得像母語一般流利，或是你的伴侶爲了十幾年後無法工作而不開心，還是你的小組成員厭煩了重複無聊的工作，甚至是你特立獨行的朋友討厭在大公司工作。他們要麼繼續硬撐下去，要麼找個更適合自己的地方。

有人花幾十年時間逃離不適合自己的「圓孔」，也有人忽視這個問題。但唯一可行的方法就是改變「圓孔」，因爲「方釘」永遠是「方釘」。你要清楚明白，你身邊有誰陷進了錯誤的孔洞裡。也許你的孩子再努力一把就可以把德語或法語說得非常流利，但也有可能學外語根本不是他們的強項。也許你的伴侶有個興趣就能安於在家相夫（婦）教子，但也可能沒有一份適當的職業他們就永遠無法開心起來。只要仔細傾聽他們的心聲並進行溝通，以開放的態度面對他們可能根本不適應的環境。

因此，一定要克制自己想要指責的衝動，不要讓你的伴侶、孩子、同事或朋友被迫改變自己。接受他們屬於眞實自己的事實，然後助他們一臂之力，幫他們尋找一個更舒服的「方孔」。

法則22

狂野和乖僻不一定有趣

很多人放縱自己是為了逃避不堪回首的過往。

有些人過著充滿狂野的生活，這不是指他們過得有趣，我甚至不覺得這樣的生活稱得上有趣。這裡指的是充滿性愛、毒品，每天都過得紙醉金迷的人們。這些人總是出沒在派對場所，訴說著（如果他們記得）自己生活中的任何故事——做過哪些瘋狂行徑、喝得多麼酩酊大醉、恣意尋歡，甚至是生過多少場大病。但你是否注意到，有時他們也會散發出絕望的氣息，好像他們需要說服自己過得有多麼美妙？他們比你更會替自己編織一套精心的說辭，創造能夠自圓其說的論述來美化自己的生活方式。

這是因爲他們花費大多時間喝個爛醉，或總是在陌生人的家裡（或床上）醒來。實際上這種生活沒有任何樂趣。想想整天處在混亂、宿醉難醒、酒後爭吵……聽起來眞的不怎麼愉悅，不是嗎？

聽著，我不是說你永遠不要去找點樂子、做點瘋狂的事。偶一爲之無傷大雅，但凡事皆要適量即可，是吧？但是我在上面提到的那些人，可能不太明白「適可而止」的道理。

或者他們心裡深處是明白的，只是不願意這麼做罷了。很多人選擇放縱自己是爲了逃避不堪回首的過往。他們看起來豪放不羈，甚至是瀟灑倜儻，但他們的內心深處卻總是恍然若失，脆弱不堪。

這也就意味著他們不值得被人羨慕，因爲你可能並不是眞心想成爲那種人。你更應該同情而非羨慕這些人，因爲他們的內心正與我們想都不想要的惡魔作戰著。

狂野、乖僻，想想你身邊那些符合這些描述的人。也許有那麼一兩個特例享受著紙醉金迷的夜晚，確實有點羨煞旁人。但你想想他們之中的某些人，特別是那些死性不改、固執己見、醉生夢死者，不難想像他們被內心的魔鬼驅趕著，根本無法靜下心來好好享受生活，因爲內心的魔鬼如影隨形地纏著他們。所以他們只能酣歌醉舞、借酒澆愁，好延緩惡魔逼近的腳步，逃避必將面對的事物。對此你也愛莫能助，但請憐憫他們而非羡慕，別誤以爲他們眞的像自己宣稱的一樣快樂。

演員和臭名昭著的風流浪子約翰・赫特（John Hurt）曾說過：「放縱不羈看起來有趣，其實不然。一般來說，這是一個憂傷的男人在徒勞地追尋鏡花水月。」

法則 23

十三歲大不易

如果忽略背景，想理解別人的行為會非常困難。

其實兩歲、七十歲和十七歲也一樣。無論世異時移，世間的各個年齡和階層都有既有的問題。只是有些人面對得早，某些情況下還會變本加厲。

讓我們以十三歲爲例。你可能還記得這個年紀[5]最容易胡思亂想，他們的大腦正經歷著巨大變化，他們的情緒不斷被拉扯（後面的法則會提及這點）。他們變得無所顧忌，固執己見。順道說一下，這些並不是在鬧情緒，單純是青少年在這個階段的特性便是如此。

5 我就當你已經過了這個年齡了。如果你還沒十三歲，那麼就再等等吧。

我們再談談七十歲左右的人們。大多數到了這個年紀又沒有伴侶的人（實際上有另一半的人也是如此）很可能會感到非常孤獨，除非他們找到方法來排遣苦悶。人類與生俱來便有著更疼愛下一代的特性，所以當你成爲長輩時，很可能你不會是最重要的那個人，甚至可能成爲無足輕重的人了。還有，即便是健康七十歲老人，身體也難免有著各種疼痛和睡眠困擾。

或者，讓我們也回頭來說說兩歲吧。這時蹣跚學步的孩子剛剛意識到自己不是父母的延伸，而是一個獨立的個體。這眞是讓人困擾的年紀啊，他們需要探索和試驗，搞清楚事物運行的規律。只是當他們嘗試時，總會有大人來制止他們。

那麼五十歲又怎麼樣呢？這個年紀的人面臨兒女離家獨立。這實在太恐怖了，這時的你不僅會想念孩子們，更大的問題是，你現在生活的重心應該放在哪裡？你要開啓新的生活，可是你不再像二十歲時充滿精力，也沒有大把的時間可以揮霍。

爲什麼我要跟你說這些呢？因爲我發現，如果你忽略一個人的背景卻又想理解對方的行爲是會非常困難的。你得退後一步才能看得更完整。有些事，我們在二十歲時做起來輕而易舉，在四十歲時卻是相當費力，這種差異是你始料不及的，但你的人生就是在這種改變中前進著。

舉個例子（如果你還沒發現這個情況）：人到中年以後，要長時間工作可比二十年前來得困難得多。也許正因爲如此，父母自然不認爲對於剛離家的你來說，維持忙碌就是創業時的「必然」方法。而且馬上就要付清房貸的他們，比年輕時更瞭解問題會出在哪裡，甚至承擔的創業風險都比你大得多。

同樣，你在十七歲的時候對未來也沒什麼遠見卓識，你會覺得離開家鄉上大學是件挺可怕的事情，其實只要適應了就沒什麼，但你在十七歲時只看到了恐懼。所以，在你評價別人之前請先退一步，想想他們承受的壓力、恐懼、負重和擔憂，別在無意中增加他們的負擔。

法則 24

孩子只是有樣學樣

如果你希望你的孩子去做某件事，那麼為什麼你自己卻做不到？

一位朋友曾經問我：「如何讓孩子理解『照我說的做，不要學我？』」答案很簡單，因爲這根本不可能做到。不可避免地，孩子們都會有樣學樣。

這個問題最終歸結於：如果你希望你的孩子去做某件事，那爲什麼你自己做不到？比如，保持整潔、說謝謝、多吃蔬菜、吃飯時不看手機[6]、生病時不會抱怨連連、把鑰匙擺在固定位置以便下次找到……上述這些你都做不到，那是什麼原因讓你

6 被我說中了嗎？如果不是的話，那麼你真是稀有人種了，幹得好！

認爲孩子辦得到呢？所以，你得以身作則、樹立榜樣，讓他們遵循模仿。

當然，在你強調別把麵包屑掉進奶油裡的第一天，孩子就這麼做了，你肯定表現出十分生氣的樣子，而他們還能從你身上模仿到更糟的行爲。現在，我的很多朋友家中都有十幾歲的孩子，有些人抱怨他們的孩子對他們大吼，不意外的是，這些人也總是對他們的孩子大吼。

對著孩子們怒吼的衝動是難以遏止的，長久下來就變成一種習慣。顯然地，孩子們是會吼回來；當他們到了青少年時，他們可能比你更能吼，畢竟他們的精力更充沛。可是你想要在那個時候才變回一個不愛怒吼的人，可就爲時已晚。做出改變總是困難的，特別是當撫養你長大的父母就是那種愛怒吼的人。唯一不讓這種錯誤傳遞下去的方法，就是從「你」停止吼叫開始。

提醒一下，還有其他的例子，像是有些父母在發簡訊時或喝酒後，總是把車開得飛快，然而他們也會發現孩子們對此行爲習以爲常，並且依樣畫葫蘆、有樣學樣。有些父母在吃飯時總對食物有著各種挑剔，卻同時指責自己的孩子挑食。還有些父母喜歡討論減肥和節食，結果發現他們正值青少年的孩子有著令人擔憂的飲食習慣。

看吧，我們誰都不是完美的，即使實踐本書法則數十年的我，至今還是會犯這種錯。我怎麼會愚蠢到以爲孩子們不會學到我褒貶他人的習慣？實際上，我可以回答這個問題，是的，我想都沒想過這個問題。但如果我**眞的想到**，就該意識到這有多愚蠢，也許我早就不再議論他人了。

這項法則中有一個最大的挑戰：你必須意識到你的不足，並且能控制與改變它。否則想讓你的孩子停止類似的行爲就只是在浪費時間。

法則25

有責任感才是真正獨立

不可以把煩惱、下決定和髒衣服一股腦地扔給別人。

如果我們想讓孩子具備強大的適應能力，我們一定要掌握孩子行爲裡的某些原則。如果我們不明白這些原則，就無法做到教養出好孩子。確保孩子在十八歲時能獨立生活是爲人父母的職責所在，即便在現實條件的限制下，他們可能還得再與我們共同生活一段時間，但父母也得用獨立的方式來對待孩子：如你所知，洗自己的衣服、財務獨立，當外出度假或到任何地方時都能做好情緒管理。

一個人得做到哪些條件才算獨立呢？關鍵的一點是：爲自己負責，而不是把煩惱、下決定和髒衣服一股腦地扔給別人。所以培養一個獨立的成年人就得讓他們建立責任感，這不是在孩子十七歲時才趕著完成的事，而是要在更早之前就逐步培養的。

就算一個牙牙學語的幼兒也可以選擇當天想穿的衣服（你可以限制他們的選項），一個六歲的孩子出門前，可以自己決定是否要加件外套。是的，孩子們都懂。跟他們說清楚，從現在起得自己做決定。當一天結束時他們感覺到冷了，第二天他們會明白得加件衣服。你可以提醒他們想想這件事（比如問「你今天會需要加一件外套嗎？」），但穿與不穿，這得由他們自己做決定。如果是由你替他們做決定，他們該如何學習獨立呢？

到孩子十幾歲的時候，你可以幫助他們管理自己的財務，例如，與其替他們買衣服，不如給他們零用錢，讓他們自己去買。孩子們需要明白，如果把錢都花在派對的衣服上，那麼平時就沒衣服可以穿。如果他們犯了這個錯誤，你也別替他們買新衣服，而是在給下個月零用錢之前讓他們承擔後果。否則的話，你就是在代替他們承擔責任了。這麼一來，他們又怎麼會學到獨立呢？

在孩子升上高中的時候，他們應該設定自己的升學目標，決定做多少作業以及何時做作業就是他們的責任。如果你替他們設定了升學目標，最終他們沒能得到預想中的成績，身爲家長的你也會感到提心吊膽。但我們說的是**他們**的成績，而不是我們父母的。自己訂的計畫就要自己承擔後果。要不然又怎麼學會獨立呢？

如果你像我一樣有好幾個孩子，這很容易做到，因爲你不可能爲所有孩子都做那麼多決定，畢竟你的時間有限。如果你只有一個或者兩個孩子，那就難多了。我有個朋友只有一個孩子，有一回他就跟我說，「孩子得準備一年才能上大學，因爲他還沒有準備好離開家。」我禮貌地表達了同情，但內心裡卻在想：「怪誰呢？過去十八年裡你都做了什麼？現在這倒成了你**唯**一的任務！」

法則 26

青少年對父母的恨都源自於愛

長大成人是在情感上付出努力得來的。

某天，我十幾歲的兒子突然無緣無故地跑來給了我一個擁抱，正當我張開雙臂想抱回去的時候，他卻說：「離我遠點，別碰我！」透過這件事你大概知道青春期的叛逆是什麼樣子了吧！

十幾歲的青少年內心充滿糾結。一方面，他們本能地想要獨立；另一方面，他們又害怕長大後的生活，希望父母能永遠照顧他們。

這也就是他們爲什麼擁抱你又不想讓你碰他們的原因——一方面想獲得慰藉，另一方面卻覺得是時候獨立了。要在這兩種互相矛盾的衝動中維持平衡幾乎是不可能的，所以大多數時候他們都在兩種極端之間搖擺：有時他們會靠在你的肩膀上啜泣

（只有當他們對你充滿愛時，才會有這樣的舉動）；有時他們卻會說我恨你。他們知道長大成熟這件事不可逆轉，但對父母的依賴卻讓他們不夠成熟，這就是恨意的根源。

這些年來我觀察到——偶爾有更顯著的因素干擾時才會發生例外——有些孩子覺得十幾歲是極爲不易的，他們會更加表現獨立，當然他們的情緒也會更加不穩定。還有些孩子覺得十幾歲的生活輕輕鬆鬆，他們過得安逸和自信，但卻不大獨立。

當然，大多數孩子都會處在兩個極端之間的狀態中，但現在，你清楚看到他們的想法。所以如果你是爲人父母的，你可以遵循前兩條法則來幫助你的孩子變得獨立。當他們越快掌握成人世界裡的技能和習慣，就能越早明白長大成人一點也不恐怖，事實上他們是辦得到的。因此，你不要再爲孩子們做決定，不要再收拾他們的爛攤子，不要再爲他們準備好衣服和金錢，也不要再幫他們管理時間。對於這些事，你得慢慢來，就從他們兩歲時開始吧。

不管從小開始練習了多少，從情感上來看，**長大成人**依然相當艱難，這也就是爲什麼孩子們偶爾也需要你的擁抱和鼓勵。之後他們可能會向你怒吼或抱怨，並讓你知道你在他們的生活中是個負擔（儘管再過個五分鐘，他們就會跟你要錢、把你當司機、請你幫忙寫作業或找襪子，甚至是請求你把房子借給他們來開派對。）

一旦孩子們覺得自己已經變成大人時，真正的擁抱才會出現。但剛開始幾年你根本搞不懂他們到底抱著什麼情緒，事實上，他們自己也搞不清楚。

法則27

談心很重要

孩子們需要自己成長、迷途知返。

誠然如上一條法則所言，面對成長的恐懼和對父母的依賴，讓青少年的情感時常感到撕裂；可是他們知道自己別無選擇，因爲這是成長的必經之路。所以處理成長問題的唯一方式，就是他們確定父母能在自己需要的時候陪伴左右。也就是說，你沒有剝奪孩子依賴父母的權利，而是讓孩子們自己選擇遠離父母。父母對孩子的保護永遠都在。

假設你的三歲孩子，因爲自己堆好的樂高玩具倒了而跑過來向你哭訴，你會怎麼做？你露出同情的表情告訴他該怎麼做才能不讓玩具倒掉（不要扔它們、踩它們，或是不要給狗狗當玩具），並且幫他把樂高拼回去；隨後他們會去拼出更大和更好的東西，因爲他們知道就算搞砸弄亂，也會有父母幫他們解決問題。

現在把時間往後推到十年或者十二年後，讓我再給你舉幾個孩子的例子。有三個十幾歲的青少年想知道抽大麻的感覺，於是偷偷地抽了起來。大人們都告訴他們，抽大麻是件壞事；但孩子們的年紀已經大到足以意識到，很多人抽大麻並沒有造成明顯的不良影響。因此，在不確定大人說的是否屬實的情況下，他們決定自己尋找答案。這三個青少年設法取得少量的大麻，並在某天晚上抽了起來，不意外的，抽大麻使他們咳得相當厲害，這讓他們決定不再碰它。

但是，身爲青少年的他們，免不了在學校裡與同學吹噓自己抽過大麻，於是遭人舉發，老師通知了家長。現在想像你是他們的父母，你會怎麼做？（記住我之前告訴你非常重要的法則）。我可以告訴你這三位青少年的家長是如何應對的，希望對你有所幫助。這些父母採取了不同的處理方法：

- 一位家長對著他的孩子怒吼，並告訴孩子自己無比失望，以及他們的行爲多麼讓人厭惡，最後要求孩子上床睡覺，但在第二天早上六點，家長又過來指責他是多麼讓人失望。

- 另一個家長怒火中燒，禁止孩子再去朋友家。
- 第三位家長和孩子討論了毒品的利害關係，並且仔細說明這件事對孩子的影響。這對父母沒有生氣，也沒有對孩子施行任何處罰。

現在，哪個青少年會認爲他們的父母像過去一樣愛著他們呢？成長過程總是步步荊棘，任誰都會犯錯，可是父母會在孩子需要幫助的時候出現嗎？還有，最重要的，下次出事了，這些孩子之中有哪一個會告訴父母自己無法解決？

一旦他們快到十五歲的時候，你應該盡可能地多把握機會灌輸他們所需的想法。他們需要自己成長、自己糾正錯誤。你**唯**一能做且有效的事，就是在他們走偏的時候，確定他們會來找你好好聊聊。

法則 *28* 傾聽也很重要

仔細傾聽孩子的言語，並非不發一語地聽他們說完為止。

是的，我知道在上一條法則中自己才說了談心很重要，現在我又說「傾聽也很重要」。嘿，別挑我毛病，因爲你不也總是在傾聽你自己嗎？我們剛剛確定了青少年會產生一堆表面互相衝突但不乏道理的矛盾。所以現在我又要加上一條：談心和傾聽**同等重要**。這條法則不僅限對青少年，我希望你意識到，這條法則適用於所有人。

有時候父母和孩子一樣，都會以爲自己無所不知。父母也曾是孩子，他們經歷世事，孩子們卻是少不更事，所以父母能看得更遠——是的，父母們都很自信，他們覺得自己可以讓孩子走出誤區，出人頭地。

事實並非如此。你的孩子跟你並非完全一樣，其實他（她）跟別人也不盡相同。他們的成長環境跟你的大相徑庭。他們有自己獨特的人生規劃和夢想，有自己的優點和缺點，也有自己的恐懼與希望。你搞不懂這些想法從何處而來，往何處而去。你只能蒐集孩子的隻言片語，如果你還願意傾聽的話。

你要是想理解你的孩子，只能寄望於傾聽他們告訴你的事。當然，這不是說你得不發一語地聽他們說完爲止，然後讓他們繼續自行其是。你應該恰當地注意並採取行動。如果他們的情緒讓你感到困惑，可能是你還沒有理解他們的心中所想，那麼你就更應該再接再厲。

如果你的孩子看到你認眞且盡力地站在他們的立場來理解問題，他們也會幫助你去理解他們。或許不是每次都這樣——他們有自己的忙碌生活，還得抽空睡點懶覺，有時想清楚表達自己的想法也是困難重重——但他們有時會希望，你能用他們的視角看待問題，這樣才能大致瞭解他們的情況。但在這個前題之前，你唯有仔細傾聽，並且明白他們的想法才能辦到。如果孩子知道不管怎麼解釋，最終還是舊調重彈——糾纏於要工作努力、天下沒有白吃的午餐、你還年輕所以不懂世事、態度要端正、早睡早起很重要之類的——那麼他們還有什麼必要解釋自己？何必耗費心力？

所以，請竭盡所能地去想像他們是如何看待事情，而不是假設如果你在他們的位置上會怎麼做。試著提出一些問題，讓他們覺得你確實努力地理解他們的立場。你不必同意他們說的所有事情，或者放棄所有他們不關心的規則。但是你得搞清楚，爲什麼他們如此執著於對抗這些法則。孩子們都有自己的觀點，其中也許有妥協的空間，也許他們會堅持某種原則，但也不會一成不變。

在上一條法則裡，第三位家長沒有嚴加懲罰，而是仔細傾聽孩子的心聲。他們明白了孩子們是多麼渴望自己去探索這個世界，而不僅僅是聽父母的一面之詞。於是他們意識到——也只有仔細聆聽才能做到這一點——孩子想自己去探索學習，他們不想重複父母的經歷。正因爲這對父母明白這點，所以他們根本沒有必要指責或懲罰孩子。

法則29

沒人喜歡說對不起[7]

關鍵是對方的想法和做法，而不是說出「對不起」這三個字。

我有兩位朋友彼此鬧翻了。其實這件事也沒什麼大不了的，可是仍然花了好幾個月兩人才重歸於好。糾結這麼久的原因很簡單：他們都堅持對方道歉。兩人都不願意讓步，尤其是他們都覺得錯在對方；當兩個人不可避免地碰面時，他們都表現得彬彬

7 對於母語是英語的人來說，「sorry」這個詞並不一定代表他們做錯了事情，針對一些無關緊要的事，例如撞到陌生人或被陌生人撞到，大多都習慣以這個詞作為道歉。然而，如果是發自內心的致歉，這條法則同樣適用於母語為非英語的人。

有禮——根本沒提鬧翻的事——因爲他們本來就重視對方，也很樂意再次成爲朋友。不過他們仍在「誰應該說對不起」這件事上浪費了好幾個月的時間。

是否說了「對不起」根本無關緊要，關鍵是對方的想法和做法，而不是說出來的這三個字，畢竟空言無益。我個人很不喜歡孩子們在發生爭執的時候，非得要他們互相說對不起，這其實毫無意義。我們應該讓孩子們**感到**抱歉，而不僅僅是**說**對不起。

我的兒子曾經被一位老師嚴厲指責過，原因是他看起來故意不說「對不起」。兒子跟我說：「根本不是那樣！如果眞的是我的錯，那麼我一定跟以前一樣**認眞**道歉。」看吧，老師的堅持根本是徒勞。如果老師能夠讓孩子坐下來仔細地解釋一下他的行爲讓朋友多麼難過，他也許才會感到眞正的懊悔。

有時說出「對不起」並不是重要的事。如果你和同事、朋友或伴侶產生爭執，請給他們留點面子，別逼著他們一定要說對不起，因爲這會使人感到被羞辱。試著讓他們眞誠地關心你，並且讓關係回到正軌，這可比輕易地說對不起來得重要得多。

如果你的同事在你上班時主動說聲早，那就表示他們嘗試緩解你們之間的不愉快。也許在某個時刻，你們可以好好地聊聊彼此之間不愉快的地方到底在哪，是什麼事情讓你感到不滿，以及彼此該如何避免重蹈覆轍。所以同事友好的微笑也就說明了：他很願意跟你交流。

你該知道，也許你的同事覺得**自己**才是受害者，是你的行爲欠他們一個道歉。不過他們已經準備好跳過這個環節，微笑便是最好的明證。因此，或許同事的微笑是在說對不起（眞的），當然他們也原諒了你。你只需要還以微笑來表達你的歉意和原諒，整件事就解決了，而且誰也不用說對不起。當然，你們也可以跟淘氣的孩子一樣互相說聲抱歉，雖然心裡沒有任何歉意可言。但你說說哪種辦法比較好呢？

說了這麼多，如果你覺得錯在自己，而你也夠成熟，那麼無論如何你都應該先說對不起。

法則 30

世界滿是叛逆

告訴叛逆者怎麼做只會適得其反。

我有位朋友在學校被他的老師訓斥時表現得極其堅韌。我從來沒有被人那麼狠狠斥責過，但我的那位朋友卻絲毫不受影響。這件事是發生在我的求學階段，當時我和他是同班同學，有一回他被老師嚴厲地訓斥，而我並不在場。事後我聽聞此事，並且詢問他怎麼回事時，他說他也不知道。我指出他一定知道點什麼，究竟老師為什麼這麼憤怒，哪怕是從老師怒吼的話裡也能聽出些蛛絲馬跡吧。他很吃驚地說：「可是我眞不知道老師在說什麼，因爲我根本沒在聽啊。」我沒想到他會這麼說，所以請他解釋了一下，他回答：「我從來不聽老師的批評。如果我眞的聽進去了，我腦袋裡的小人一定會作祟，讓我去做老師**不要**我做的事情，這絕對不是個好主意。所以我只好充耳不聞，這樣我就沒辦法反其道而行。」

聽了他如此「睿智」的回答，我突然發現另一個思考問題的角度，並且在往後的某些場合中，改良精進了這個想法，並且實際應用它。因爲我跟他一樣——我腦袋裡也有個聲音，要我反抗任何被告知得去做的事。很多人都是如此，雖然我懷疑這樣的人依然佔少數。有些人會很感激別人引導他們做事，或者接受、遵循指示辦事；但也有些人難以接受其他人的指導。

你得看清楚你身邊的人，誰是隱藏的叛逆者，因爲誰要是想操控他們，結果只會適得其反。如果你是這種人的主管，你就會遇到相當大的阻力，他們會罔顧你的意見，堅決地用自己的方式來完成任務。如果你是他們的父母、伴侶或朋友，事情就更爲棘手了。

這個時候你有兩個選項，第一種是利用逆向心理學——這招對孩子尤其管用。你想讓他們不要做某件事，那就告訴他們去做這件事，這樣的結果一定皆大歡喜。只是事後別讓他們知道是你在控制局面，否則他們會怒不可遏（當然以後這招就無效了）。

另一種策略就是：避免給予過多且不必要的指示。事實上，你要盡可能地讓他們知道你不是在控制或者引導他們。溝通時只要設定必要的條件，剩下的就任由他們自由發揮吧：「這項研究這週五必須完成，我特別想知道競爭來於何處。我知道你會用最佳的方法來完成此事，如果你需要任何幫忙就來找我。」

應對叛逆的法則就是：你給叛逆者越少叛逆的機會，他們就越不會反抗。更重要的是，這能讓他們用自己的方式做事，而且他們會為此感激萬分。

法則31

有些「怪人」其實是好人

怪人在任何場合都會做自己。

作爲社會性動物，我們都很傳統。我們喜歡熟知的事物——這也是天經地義——因爲這才會使我們感覺安心。這個天性不僅適用於對待事物，也適用於待人。你可以從一個人的穿著、言談、行爲、髮型裡讀出許多資訊，因此當你認識一個新朋友時，你可以透過這些訊息，將對方大致歸類，並做出判斷。

當你遇到一個無法歸類的人時，你會感到非常不安。有些人天生就特立獨行，而在跟他們相處時，會讓你感覺不太踏實。最簡單的方法便是少接觸這類人，尤其是他們看起來不僅古怪，而且似乎遵循著不同的社交模式——你知道的，他們不太遵循社交場合、人際關係裡的潛規則。

有趣的事，這一切又跟與其他人有關。倘若你去的是「怪人」遍地的地方，那麼怪人也就不足爲奇。我曾在英格蘭西南部的格拉斯頓堡住過一陣子，那兒是嬉皮頻繁出沒的地區。我朋友說他們是「喜歡彩虹色，不愛洗頭，所有衣服只穿一次」的傢伙。他們還喜歡討論脈輪和療癒水晶，並且認爲巧合並不存在[8]，一切都是冥冥之中「自有天意」。如果你在格拉斯頓堡遇上一個怪人——這簡直是必然——你甚至不會注意到他，因爲他已經融入群體之中。可是如果同樣的人出現在辦公場所，你會立馬把他標記成一個怪人。所以，同樣的人，不同的場合，情況不同。

當然了，如果你是一個能融入普通生活且經營著辦公傢俱的嬉皮，你自然會在工作時收起彩虹色的衣服。可是眞正的怪人是：在任何場合都做他們自己，而不是試著與人群融合。不管他們的離經叛道是刻意選擇，還是他們根本無法評估自己對周圍的影響，其實都無關緊要——重點是他們堅持自我。而這種行爲相當令人耳目一新，不是嗎？

一旦你踏出自己的舒適圈、跟這些人聊聊，你可能會發現他們是最有趣的一群

8 如果你稍微思考一下，那將是最不尋常的巧合。

人，也最能讓你深受啓發。顯而易見的——對所有人而言——有些「怪人」或許給人無聊的感覺、對人不太友善，但這些特點在很多一般人身上也能看到。有些人還有離奇的人生經歷，解釋了他們爲什麼特立獨行。有時他們在工作中表現亮眼，有時會格外友善，這跟我們都一樣。

如果你小心翼翼地跟這些「怪人」保持距離，你就沒辦法瞭解這些人，他們可能能爲你的生活帶來一些正面影響，甚至可能是非常重要的影響。如果你堅持待在舒適圈裡，那你可能錯過了讓生活更精彩的機會。爲什麼要放棄這種機會呢？別再迴避那些你無法完全理解或不好歸類的人了，親自瞭解他們是什麼樣的人、過著什麼樣的生活吧！

Chapter 2 幫助他人

Helping People

當你所關心的人陷入困境，對你和他們都是件痛苦難受的事情，這時的你會想做些什麼讓對方好起來。但你能做些什麼呢？

跟一個看起來無法合作的同事一起工作會讓人感到沮喪，看著你的孩子或家人艱辛度日會讓人感到心酸。你肯定會想針對這些情況提供實質的幫助，甚至是解決辦法。

即便不去思考造成上述困擾的問題是什麼，我們也總會有些特定的法則可以派上用場。我總結了一些基本法則，如果你按照下面的法則幫助別人肯定能事半功倍。這些法則大多是關於如何建立良性互動，提供一些空間給接受你幫助的人，讓他們用自己的方式來度過難關。要讓對方瞭解你和他是站在同一陣線，這樣效果更佳。你或許也會發現，當其他人試圖在幫助你時，這些法則也能幫上點忙。

法則 32

幫助別人前，先保護好自己

一旦你被自己的情緒左右，你能提供的幫助就毫無用處。

幫助有需要的人非常重要，原因有二。最明顯的原因當然是他們確實需要；另一個原因就是，幫助他人也會讓你內心愉悅[9]。因此，在理想的情況下，你理應解困救急，這樣人人都能受益。

但請等一下。如果你只是幫別人拎購物袋、替陌生人指路、爲你疲憊的伴侶做頓

9 如果你想知道更多，可參考我的另一本書《趁年輕，一定要打破的一百條人生準則》（*The Rules to Break*）第三十四條。

大餐、幫同事列印簡報、救援一隻翅膀受傷的小鳥等等，這些可能只能算是舉手之勞。如果有需要幫助的人是陷入悲痛之中的同事，或是被診斷出躁鬱症的家人，抑或是婚姻即將破裂的朋友呢？

在你看來，這些情況中的任何一個（或多個）看似非常簡單，而且你確實能提供幫助，甚至你的朋友也會找上你，只因爲你剛離婚幾個月，深知其中痛處。也許你可以洞察本質，替他排憂解難。但是，如果你自己的婚姻不堪回首，你眞能幫助別人處理婚姻問題嗎？揭開舊傷疤不會使你痛徹心扉嗎？

人們常常會向有相似經歷的人尋求幫助，這在邏輯上是說得通，而且大多情況下，我們也很樂意傳授自己在經驗中學到的所有教訓。因爲我們能從中感覺到自己可以讓事情發生轉機，而且大多時候也確實如此。假如你的朋友悲痛欲絕，親友罹患躁鬱症，那麼於他們而言，你就是他們求援的最佳人選；可是從你的角度來看，卻可能是最糟的主意。

所以你得先保護好自己，你也必須這麼做。一旦你被自己的情緒左右，那麼你能提供的幫助將毫無用處。當他們尋求你的幫助時，他們需要你意志堅定，因爲他們正受困在自身的煩惱，無暇顧及他們對你造成的影響。

實際上，在有些情況下，你的過去不會對你造成任何影響，但你要提供大量幫助的這件事並非你能力所及。例如，如果你需要花大量時間幫某人擺脫對酒精成癮、重度憂鬱症或者其他心理健康問題，但同時你自己也會有情緒低落的時候。這就是說，當你提供幫助時，千萬不能超過某些底線——你要知道底線在哪裡——一旦越線，很可能會對你造成嚴重傷害。

你需要先確保自己能處於正常的狀態，再去提供他人幫助。如果有必要，你可以向求助的人道歉並解釋無法幫忙的原因。你仍然能提供實質上的幫助，而不僅是傾聽。當然，控制你們相處的時間，或是選擇合適的環境，對你來說可能會有幫助。如果你的生活跟另一個人緊密交織在一起，你需要在不放棄他人的情況下，先給自己戴好氧氣罩，以保護自己。例如長時間散步、見見朋友、參加社區社團或健身中心等。重要的是，你得保證自己狀況良好、意志堅定，這樣才能提供真正的幫助。

法則33

一起身陷泥沼

你在提出解決方案之前，得先滿足其他條件。

想想你曾有過這種情形嗎？你的伴侶或親密友人告訴你，他們對某件事感到不開心，你聽完他們講述的內容後提出解決辦法，可是對方不僅沒有感謝你，反而變得更加沮喪。你感覺自己似乎得爲此負起一部分的責任，但你卻不知道原因爲何。

相信我，不是只有你遇過這種事。實際上，你可能曾經也是個被建議的人且遭遇過這種事。比如當你心情不好時，你的伴侶開導你，結果卻讓你心情更差。你也不知道爲什麼——他們明顯想幫你——實際上卻是在幫倒忙，甚至於你也後悔向他們尋求幫助。

在這種情況下，兩個人之中不管是誰心情低落，得到另一個人的幫助之後反倒變得更鬱悶，而且還是這個人主動尋求幫助的。這是為什麼呢？

事實上，你在提出解決方法之前，得先滿足其他條件。如果尋求幫助的人不明白這一點（大多數人都不明白），他們是不會主動要求的，若他們沒有得到這些，他們就會感到沮喪，即便他們根本不知道自己想要的是什麼。在你提供幫助之前，你的伴侶或朋友還希望你做些什麼呢？在知道這個問題的答案後，就可以讓交流更順暢，每個人也都會更愉悅。

他們想要你允許他們憂傷抱怨，這就是答案。感受是非理性的，如果你直接提供解決方法，這就好像在說對方根本沒必要感到悲傷、憤怒或擔憂，因為不是已經有解決辦法了嗎？可情緒是非理性的，對方確實會感到悲傷、憤怒或擔憂，你的行為卻像是在指責他們的情緒化。這就是對方潛在的想法（我知道這跟你想的完全不同）。

這種情況就好像是，一個人被困在泥沼裡，而你在旁邊站著。解決的辦法不是丟一根繩索到泥沼裡，而是你也跳進去，切身體驗一下裡面有多濕黏。然後你再牽著他的手一起脫離泥沼，而不是站在旁邊，直接把對方從泥沼裡拉出來。

所以，在你腦子裡冒出：「……行不行」、「為什麼不……」或者「如果你先……就……」字眼之前，你應該先和善地表達你明白他們的憂傷憤怒之處，像是

「遇上這種事，你不生氣才怪」、「我要是你也會非常難過」之類的話就可以。

一旦他們知道自己當下的感受是被你理解的，他們就能放鬆下來，並開始思考解決辦法。實際情況常常是他們根本就不需要幫助，只是想讓自己的感受被人同理罷了。所以你得同理他們（當然角色反轉時你也需要被同理）。

法則 34

有情緒是正常的

人們的情緒像是緊張的小貓。

從上一則法則起，許多人都能體會到，除非他們本來就有合理的「理由」，否則很多情緒是非理性、沒有明確的原因。我不確定這是出自何處，但在某些文化中，它似乎非常普遍。但「情緒」確實讓上一條法則變得更有意義。

我和你都很清楚——在這個法則裡——「感受」沒什麼原由，也無從解釋。在現實世界裡，幾乎所有人都承認自己當下感受到的，可能是尷尬、羞愧、害羞或不安的情緒。儘管你理性地選擇了某種感受，並且願意爲此負責。是的，有時你確實可以選擇如何「感受」，不過這是需要練習的。一般來說，轉換到某種特殊的感受是需要花點時間，也不是總能奏效。尤其是感受越強烈，你就越難做到。

當你和其他人交流的時候，就算腦中浮出想幫忙的念頭也很難真正落實，因爲你無法得知其他人的眞實感受。通常原因都是我剛剛提到的——對方會因此感到尷尬，擔心你覺得他們糊塗、愚蠢、不理智、不講理，或反應過度。因此，你得讓他們知道，你並不會評價他們的情緒。

如同上一條法則所提及，你可以讓對方知道，你理解對方在情緒上的反應（比如，你可以告訴他們有這種反應很正常，無須爲之羞愧）。根據當時的情形，你可以問問他們，「你生氣嗎？」或者「你感到很受傷嗎？」你只要這麼問，對方就會明白你的善意，並且給予眞實的反應。因爲你已經很明確地假定這些都是合理的。

透過這些舉動可以使對方開啓心扉，接受你的幫助。一旦對方知道你不會評價他，你們就可以自在地交流。對許多人而言，跟一個不會評價你的人討論某事，就是解決這件事的一種方式——不管是爲了眞正解決問題還是只想找個人吐露心事。

另外，你得注意不要說出否定的話語。如果有人說他有點擔心，你卻說「別擔心」，也許你覺得這是在安慰對方，但在對方聽來，你就是不認同他的感受。你跟某人說「別哭啦」，對方聽起來可能就是「根本沒必要哭」。當人們處於某種情緒的狀態時，整個人會變得敏感，所以很容易把「別擔心」理解成輕蔑而非安慰。

人們的情緒像是緊張的小貓。它們躲在沙發底下不願意出來，除非你小心地哄著它們，讓它們知道你能夠理解，而且不會否定它們。

法則35

傾聽就好，別急著給建議

克制想做點什麼的衝動，事實上，你已經在傾聽。

有時人們需要實質性的幫助，例如：車子壞了需要千斤頂，手機沒電需要暫時借用你的手機，提供履歷修改的建議等等，這是因爲你比他們有更多經驗。對於這些事，你能實實在在地幫助到他們。你滿足了他們的需求，事情就解決了。做得好，使自己成爲好公民、好鄰居、好朋友。值得嘉獎。

可是，一旦涉及情感方面的問題，情況就截然不同了。你無法解決別人的情感問題，那不是你的工作。如果有人沮喪、生氣、擔心或害怕，他們就需要自己清理這些情緒，而你無法爲他們代勞。他們之所以會跟你談起這些，只是因爲他們需要一個好聽衆，而不是他們想要解決問題。

我的妻子花了好多年才讓我明白這個道理，因爲每當有人帶著問題來找我時，我的本能就是設法解決它。她用清晰明確的語言向我解釋，當我用救星般的姿態說話時會讓對方感到很不舒服。這裡的潛臺詞就是她可以自己解決問題。如果她想要借個螺絲刀或千斤頂，她會直說（我妻子是這麼說的）。她不會感謝**不請自來**的幫助。

我得承認，會這麼想的不只有我妻子。我聽過很多人抱怨他們的伴侶從來都不好好傾聽他人說話，這才意識到，原來我的妻子說得太對了。當你開始幫別人解決問題時，你其實就不再傾聽對方說話了。

他們會來找你，並向你傾吐心事，可能只是想驗證一下他們的感覺罷了（如同前幾條法則所說），或者是透過聊天來釐清思緒。除非他們明確提出要求，否則他們並不需要你的幫忙，他們只是需要你當個聽眾。所以，放下你想指揮的念頭，緊咬住你的舌頭，克制自己**做**點什麼的衝動。事實上，你已經在做了，你在傾聽。只要著重「傾聽」，你就做得很好，不需要再畫蛇添足。

如果你這個聽眾做得出色，那麼對方可能就會在某一刻獲得幫助，但也可能不會，因爲他們已經知道該怎麼做了，只是想先把事情釐清罷了。如果你覺得對方會接受你的建議，你就大方地說出來：「你需要幫忙嗎？還是只想說出來，讓自己心情好點？」實際上我建議，尤其是伴侶關係裡，一定要先問這個問題，這也是我妻子的建議。

法則36

瞭解自己能力所及之處

不要承諾你實現不了的事情。

從某種程度上，給予幫忙僅限於與自身相關的事物，實際上也與你的處境有關。像是當同事不在時幫忙處理他的工作，在他不舒服時遞上冰枕或幫忙多叫個便當，甚至在幾個星期內幫忙接送他的孩子上學，又或是陪對方去醫院檢查看報告。

我之前提過，助人之前要先做好準備，以防自己也陷入漩渦、情緒受到干擾。但是，即便有時你想提供實際的幫助，你也得搞清楚什麼是你能力所及的。如果你想幫同事處理工作，卻發現你根本應付不了，那麼你該如何幫上忙？假設你答應陪朋友一起去醫院，可是出發前卻發現你手上的工作必須馬上完成呢？

在上述兩個例子中，如果你一開始便拒絕對方，會比答應後卻無法做到來得好多了。但麻煩的是，大多數人都太過熱心，我們太常許下承諾卻實現不了：「是的，我能做到！」、「交給我就行！」、「找我就對了！」、「我來搞定！」、「別擔心！」。

事實上你也知道，如果一起去醫院的約定會和客戶前來拜訪的時間撞到，你肯定不會答應對方。只是你覺得這個機率不大可能發生，所以沒把這個可能性放在心上。可是若眞的發生了，你的臨時變卦會讓朋友在短時間內找不到替代人選。事實上，你也不用直接拒絕，你可以預先提醒對方會有這種風險存在，讓對方決定是要冒這個風險還是另尋他人來幫忙。

我知道你的出發點是善意的，你確實想幫忙，但如果是因爲你盲目地允諾對方，最終卻沒能實現，這比從一開始就拒絕要來得糟糕多了。

我曾經替一位身體不適的同事送孩子上學。我以爲這不過是一、兩週的事（我總是過於樂觀，事實上她也沒說明確的期限）。但六個星期過去了，我還在接送她的孩子上下學。麻煩的是，她的孩子與我的孩子不是念同一所學校，所以每天早上和下午，我都得多花十五分鐘分別接送兩個孩子。這就意味著我每天花在工作上的時間變少了，每週總共得花費超過兩小時的時間幫這個忙。在六個星期後，我實在後悔自己當初的承諾。如果當時我仔細想想，這件事是超出了我的能力範圍的話，我可以答應對方自己只能幫忙接送小孩一、兩週，或者答應早上送小孩上學，下午得請她另尋他人。我可以有很多說辭，但我只說了「沒問題」。在這個事件裡，是我而不是她因此受損，但我也學到了很有用的一課（在此傳授給你）。

因此，請瞭解自己的能力所及之處，不要輕易承諾你實現不了的事情。否則，你們之中或是兩人都會因此而感到沮喪。

法則37

不要比誰更慘

你說你的處境更糟，對方的心情也不可能忽然變好。

幾年前，我的一個朋友的丈夫過世了。讓她感到驚訝的是，有那麼多人在跟她比慘。她的一個離婚的朋友跟她說：「至少妳知道他不會再回來了。」另一個朋友則描述自己父親的離開讓母親多麼痛心，因爲他們相濡以沫半個世紀。這些話都明確地表達了——妳（僅僅二十年的婚姻）還不算太慘。

實際上，告訴對方處境並不像他們所認爲的那麼糟，從來不是什麼好的相處之道。如人飲水，冷暖自知。如果有人剛剛失去另一半、離婚、被裁員、生重病，這時候你說你比對方的處境更糟，對方的心情也不可能忽然變好。

我的這位朋友，大可把所有用這種方式困擾她的人都寫下來，並且謹慎地審視他們之間的友情。但是，她沒有列出類似的清單，因爲那些並不是問題所在。生活總是艱難，甚至經歷過痛苦的人們也會意識到，即使自己遇到困難時還被別人比慘，都比不上在這些時刻仍有人願意陪在身邊談心聊天。實際上，有時藉由自己的遭遇，反倒能將對方的注意力，從自身的困境中抽離出來。

當然，在安慰人的時候需要一些敏銳度。例如，你和剛被診斷出得了重病的朋友一起涕淚交加，這時你卻說因爲你的寵物最近也出了問題；或許在這種時候，你應該另外找個人傾訴你的傷痛。有時你可以很體貼地說：「比起你所遭遇到的，我經歷到的困難差得遠了。」尤其是當你們的情形有些相似的時候。這麼說也表示你沒有低估他們所經歷的悲痛和苦楚。除此之外，不要把你們兩人的事情混爲一談，最重要的是不要比慘。

交換意見是人類的天性，因爲它體現了同理心。如果你朋友說：「我眞的很擔心自己會丟掉工作。」你回答：「我知道那種感覺很不好受！我的公司最近也在裁員。」這樣回話就得體多了，因爲你理解對方的困難。如果想讓對方把你當朋友，那麼你就不能說：「這算什麼？我的公司現在正在大裁員，現在想找差不多的工作實在太難了。」如此一來，雖然你讓朋友感覺到自己並不孤單，但也讓他感覺到自己沒什麼資格抱怨。

這裡的關鍵在於，如果你的朋友或同事正唉聲嘆氣的對你大吐苦水，或者他們目前正處在非常艱難的處境，你們談話的重心就要放在**對方**和**對方的感受**上，而不是你自己。你可以有你自己的抱怨時機，不用急在這個節骨眼跟別人比較。

法則38

某些情況下永遠別給建議

你不知道什麼情況對別人有利。

沒錯，我在建議你——強烈地建議——不要給別人建議。這有點諷刺吧？尤其是你選擇買下這本書，閱讀它，並將內容作爲人際關係的參考。但事實上我永遠不會知道（如果你不告訴我），你是否眞的遵循了我的建議。

對你的朋友、同事、家人或你身邊的其他人，請都不要提供建議。我再說一次，我不是針對那些實質性的事情（比如鞋子和衣服是否搭配、晚飯要吃什麼、報告要用什麼字體等等），這些問題你可以回答得很安全——如果你知道答案的話。我說的是那些帶有情感角度的事情，你只要傾聽，表示同理和支持就可以，但千萬別給建議。

是的，即使他們提出：「我該頂撞我的主管嗎？」、「我現在把母親送到療養院，合適嗎？」、「我正在考慮找份新工作，你覺得呢？」

爲什麼？因爲你不知道哪些是對別人有效的。我可以明白地告訴你，那些對你奏效的辦法未必適合其他人。你怎麼確定自己提出的建議是正確且合適的？更何況，人們需要自己深思熟慮後做出決定，這樣他們才會全心全意地投入並堅定完成任務。如果你告訴對方該怎麼辦，等於是抽走對方決策過程裡的重要階段，直接到達問題的終點。實際上把問題想通想透，權衡各個選項，考慮不同的意見，這些都是非常重要的過程。

而且，如果你的建議是錯誤的呢？如果對方告訴主管自己的眞正感受後，卻被開除了呢？或者對方把母親送進養老院後，卻因此更加內疚呢？也許你的建議根本沒有錯，也許你的建議就現實層面來說是最恰當的做法，但他們可能會懊悔，甚至因此遷怒於你。

那麼，是否有支持你要給予他人建議的論述？可能只有當你給別人建議時會讓你自己好受點。可是我們是要去幫助別人，在這種時候你的感受並不是最重要的。我們得試想對方會怎麼看待他人給予的建議呢？即便你認爲他們確實想要接受它，但是怎麼能確定這些建議一定就符合他們的最大利益？

給予對方不需要或不合適的建議，其實只是在浪費心力。假設你的朋友跟一個濫情的對象在一起，你認爲他們會不知道分開對彼此都好？如果你直接說出你的建議，那只是讓他們無時無刻感到自己的無能爲力。這並不會幫助他們離開對方，而你只是成爲另一個控制他們的人罷了。他們眞正需要的是支持，不是無法落實的指示。

那麼你能做點什麼呢？尤其是有人直接向你尋求建議的時候？你應該做的，是用更多的問題來回答問題，幫助他們自己找到正確的答案。「你覺得……怎麼樣？」、「假如……」等等，你可以提出不同的選項（但不推薦這個做法），並幫助他們仔細釐清事情可能的走向，以及每種選擇的後果。這才是他們眞正需要的幫助。

法則39

接受別人的決定

別人做出的選擇也會對你造成影響。

乍聽之下，這像是一條容易遵循的法則，而且通常人們都這麼做。如果你的同事決定忍耐總是批評他的主管，或者你的朋友要把母親接過來一起住，再或者你的弟弟說他要開始換工作了，你爲什麼要介意呢？那是他們的生活，你已盡力幫助他們做出選擇（不是藉由提供建議），並認爲他們會因此而過得更快樂。這是雙贏的局面，然後你可以繼續幫助其他人。

但事情沒這麼單純，不是嗎？在你的眞實想法中，你其實希望同事頂撞主管，因爲他眞的做了，你同樣能從中得到好處，即便事情變糟了也與你無關。否則你也只能繼續忍受主管，又或是由你直接頂撞主管。

要是你弟弟找的新工作地點離家有點遠，而你的父母非常依賴他，如果他不在家，只是偶爾回來探望他們，那你的父母親會非常傷心。

那你的朋友呢？她也許覺得與母親一起生活挺不錯的，她也不想一個人孤零零地過日子，可你知道事情不會這麼簡單。你很清楚，許多和她母親年紀相仿的老人，身體狀況惡化得非常快。從現在開始的半年或一年後，她的母親無法自理，你的朋友也無法將母親獨自留在家中。你知道你的朋友做錯決定了。這就是不給予建議的原因——是他們自己做出錯誤的選擇。

是這樣嗎？也許你的朋友非常清楚，做出這個決定後將會遇到哪些事。你和她一起討論的時候，你並沒有給出建議，但你必定會問：「如果妳母親的身體惡化了怎麼辦？」也許她有B計畫，也有可能她原本就知道自己無法獨自生活，所以她順其自然地做出這個選擇，母親的到來只不過是適逢其會。

有時候，與他人一起生活時，對方做出的選擇也可能會對你造成影響。就拿你的同事來說吧，他們的每個決定的的確確會直接影響到你。你和主管在工作上有點摩擦，在這時候你的同事把問題丟給了你。儘管你希望有人能站出來與主管溝通，但換個角度思考，你可能不想由別人來對你說，你得親自做這件事，所以你同事把這種決定推到你面前也怪不了他。不幸的是，這件事處理起來相當棘手，但這就是生活啊。

不過，你的同事和你弟弟所做出的決定，不會改變你的生活，但確實會讓你為他們或其他人感到很難過。你也許會想，如果你給他們更好的幫助和支持，他們會做出「更好」的決定。所以你會有點自責，還有點擔心。

聽著，儘管你提供了所有幫助，你也無法干涉別人的決定。任何因此而來的後果都應由他們自行承擔，你必須先瞭解這一點，才能避免無意義的罪惡感、擔憂或自責。你只是事件的配角，盡自己所能做到且做到最好已然足夠。

法則40

把自主權還給當事人

把決定權交還對方可能會造成「車禍」，但至少是他們自己掌控著方向盤。

如果你是眞心想幫助他人，除了上一條法則外，在這裡還有另一個原因足以說服你「接受別人的決定」：讓每個人都能控制自己的生活是件非常重要的事。如果你總是幫別人做決定——即使出於善意——你都是在奪走別人的自主權。

也許你是對的。把決定權交還對方可能會造成「車禍」，但至少是他們自己掌控著方向盤，他們可以自己選擇（不管是否接受）開進小路還是急踩煞車。如果是你抓住了方向盤，他們可能會感到更加恐怖。

更重要的是，這是他們的車，你不會比他們更清楚該如何駕駛。而且你可能根本無法忍受那台車裡問題頻頻的離合器，或是不換檔就沒動靜的儀錶盤。[10]所以他們會變得更加焦慮，因爲沒有人比他們更懂自己的車或生活。

我有個朋友曾是撒馬利亞慈善組織的志工，他告訴我，有時人們會打電話來說想要自殺，因爲他們覺得自己無法控制自己的生活。善良的撒瑪利亞人規定，遇到此種情況只能傾聽，不能提供建議，甚至不能勸阻對方想結束自己的生命（儘管如此，他們還是試圖告訴對方，人生還有其他選擇）。顯然地，讓這些想自殺的人們掌握控制自己生命的權力，有助於他們做出繼續活下去的決定。人類控制自己命運的欲望就是這麼強大。

因此，對你的朋友、家人和同事來說（我希望他們不會自殺），幸福感的多寡取決於他們能夠控制自己生活的程度。如果總有人指示他們應該怎麼做，他們就會感到焦慮和不安。這種情況對十幾歲的孩子來說尤其如此，若時時有人在他們旁邊耳提面命——在這個敏感、脆弱的年齡——這種做法只會對他們的心理健康造成嚴重影響。

據我所知，極少有案例能證明，剝奪別人對命運的控制權所帶來的好處，大於這

10 我並不鼓勵你開著一輛沒好好保養過的車。這僅是個比喻。

種做法與生俱來的缺陷。我知道你不認爲自己是在控制他們，你認爲自己只是提供一個好建議，對方可以完全忽視。但是，如果你總是對已經處在極度焦慮和無助的人們提出強勢的建議，這會讓整個局勢看起來像是你在替他們做決定一樣。他們自身的感受才是最重要的，你的初衷其實無關緊要。

法則41

讓他們自己思考

不給直接建議就不會給對方施加壓力，你只需要提出一些明理、睿智的問題。

希望前面的幾條法則沒給你帶來太多的負能量，我不是說你的善意幫忙只是使事情變得更糟。我明白你不想看到你關心的人難過，你想改變他們的處境，這一切都合情合理。

所以我有個建議，爲什麼你不嘗試幫助對方，讓他自己做出更好的決定呢？這麼一來，你不用涉入太深，對方也會變得更有自信、更加開心，你也會覺得自己有幫到對方，這不是皆大歡喜嗎？雖然我不能保證對方最後做出的決定會和你的一樣，畢竟適合你的選擇不一定對他奏效，但你至少能幫助對方把整件事情好好地梳理一遍。

順帶一提，這種方法可用於對方直接向你尋求建議時；如果對方只是來找你聊聊他們的麻煩也適用。你有個萬能的回覆方法——你只需要問些問題就行。對，就是這麼簡單。

看起來輕而易舉，對吧？當然，你的提問不一定能將對方引導到未經思慮的不成熟答案上。你需要提出開放式的問題，這些問題也必須要有詳細具體的答案，不僅只提「是」或「不是」就能應付的問題。剛開始的時候，你可以讓對方把所有問題告訴你，即便你對這些問題都有自己的一套合理看法；可是**你是要問對方，不是在問你自己**。詳細描述答案可以讓對方把問題看得更透徹，進而幫助對方找到自己的解決之道。

接下來，你可以再問一些更具體的問題，讓對方探索問題裡的所有選項。切記，你不要對任何選項表示出自己的偏好，即便你真心覺得某些選項比較好。你要做的是恰當地提問，否則這個法則將無法發揮效用。在這過程中，仔細觀察對方的感受，這也是最重要的步驟。記得，與其問「如果……會怎麼樣」，不如問「如果……你怎麼想」；雖然這麼做與解決方案無關，但足以幫助對方去思考。

因此，多用「如果」和「假如」的提問方式來探索他們的所有選項：「如果……

你怎麼想？」、「假設……」不停地提出選項——但你不能有任何預設——讓他們自己把所有的可能都想清楚。讓我舉個例子：假設你的朋友正考慮是否和伴侶同居，他對這件事有點拿不定主意。如果同居後感情破裂了怎麼辦呢？又如果搬過去了一切順利呢？如果兩個人能離對方近一點，他們就能有更多的時間待在一起？讓對方認眞考慮所有可能性的選項，以及在每種情況下的感受。

我曾經和某位女性討論過她的煩惱，當時她正陷在是否將某個興趣愛好變成商業模式的兩難之中，因爲她很擔心，如果二者都搞砸該怎麼辦。但是，她其實是有機會能冷靜思考這個問題，並想出折衷的辦法來。比如先將商業模式控制在小範圍內，看看能否找到風險小且切實可行的做法。這麼一來，她其實就不用那麼擔心了，因爲如果營運不善的話，也就沒有必要擴大規模經營。

令人驚訝的是，將事情思考清楚後，所有的情況都會改變。要達到這樣的情況，有時還是需要這麼做：不給直接建議，不給對方壓力，只需要提出一些明理、睿智的問題，而且是從旁協助的朋友才能做到。當你這麼做時就是幫到他們了。

法則42 學會問問題

你需要聰明提問。

我的一位朋友與她的母親達成協議，在她工作忙碌的那幾天，由她母親幫忙照顧她的孩子。在小孩新學期開始前，她和母親一起規劃輪班時間表，當時她的母親表達出很開心能照顧外孫。可是隨後她的母親總是打電話詢問她：「妳說星期四要我幾點過去？」諸如此類的問題。我的朋友很清楚，她母親一定有什麼地方不滿意，可是無論她怎麼問，母親總說「一切沒問題」。我的朋友告訴我，她實在不明白這是怎麼回事，因爲母親總是竭力否認自己有任何問題。「她希望我有讀心術，」我的朋友說：「可是我不會啊！」

在撰寫這本書之前，我和我的責任編輯討論過這條法則。她說：「是的，你得知道該問什麼問題，因爲對方正期待著你去……」這時我不假思索地說：「……塡空？」於是我掉進自己挖的陷阱裡。

不過，我們倆都是對的，解決這個問題的訣竅在於雙倍的努力。首先，你必須學會辨識潛在的資訊。通常你是可以模糊地感覺到（即使你正苦苦掙扎），實際情況往往不像表面上那麼簡單、直白。

接著，你必須走出迷霧。做到這一點的辦法就是：拋出正確的問題。有時這並不是件難事，它可以簡單到：「還有其他的事讓你煩心，是吧？」可是有的時候，這麼直接地詢問並不適合，或者對方根本不會給你明確的回答。實際上，有時對方也意識不到自己正在隱瞞眞相，所以在這種時候，你直接問他們是毫無用處。

所以問什麼問題就很重要了。首先，你得想想對方拒絕說出實情的原因是什麼，並且酌情提出問題。對方可能不願意告訴你的眞正原因，也許是這件事會讓他們感到難堪——擔心你覺得他小家子氣、過度敏感，或是太笨——所以你得先讓對方知道你並不會這麼想。「我知道，如果你覺得……這會很難！」這麼說或許可以讓對方承認，「好吧，是的，確實有點難。」當對方這樣說時，你等於讓事情有了進展。

回到這條法則一開始我朋友的案例。她是這麼猜測的：新的輪班時間表可能不太適用於她母親，但是她的母親又擔心承認這件事，她就會去找托兒所，這樣一來母親跟外孫相處的時間就變少了。所以她去找母親，問了一些篩選過後的問題，果不其然，儘管母親不願意承認，但輪班時間表確實與母親的日程規劃撞期。把問題搞清楚後，我的朋友當然也希望不要讓自己的母親太爲難，所以她現在只需要多花點工夫規劃眞正合適的輪班時間表就好。

法則43
聽出言外之意
冰山下隱藏著真正的矛盾。

上一條法則幫助人們發現對方不承認既有的問題。這條法則略有不同，你也許會對以下描述感到似曾相識：別人跟你說有問題，可是無論你怎麼努力、嘗試解決你所見的問題，終究失敗收場。這種事眞的會讓人感到非常沮喪。儘管它不是人際關係中常見的問題，但是在伴侶之間卻屢見不鮮。事實上，表面上的問題掩蓋了更深層的矛盾。所以不管你怎麼解決表面上的問題都只是治標不治本，你得從根本解決。

然而，麻煩的是，對方往往也不知道問題出在哪裡，他們可能以爲表面上的症狀就是問題的全部。舉個案例：你的伴侶抱怨你都不幫忙做家事。爲了讓相處更融洽，你要麼開始做更多家事，要麼與對方理性討論爲什麼自己無法做更多家事（比如工作時間太長）。經過溝通後，你的伴侶同意了新的分工方式，也許情況會稍有改變，可是問題並沒有解決；它甚至會在下次你沒有洗碗、整理花園或是沒有幫忙採買的時候爆發。

一旦你意識到問題依舊存在，只不過換了種方式出現，或儘管自己已經解決但問題再次出現；這時你應該警覺到，表面上的問題並不是眞正的問題。

一般來講，表面上的問題往往只是冰山一角，再努力解決也觸及不到水面下的龐大問題。這才是你眞正得解決的難題。

在上面的案例中，幾乎眞正的問題都在於，你的伴侶覺得你做家務是理所當然的，如果你只是偶爾拖拖地是解決不了問題的。因爲這麼做，你解決了表面上的問題——多做了些家務——但你並沒有抓住問題的核心。

事實上，如果你的伴侶覺得自己被尊重了，那麼他根本不在乎誰做的家事比較多。對方會知道你欣賞他的付出，你也從其他方面做出貢獻。做家事眞的不是重點。你應該搞清楚，讓你的伴侶感到被尊重，這才是冰山下的問題。對方或許在意家事誰做得多或少，但是只要你解決核心問題，你會發現誰洗衣服、做飯、採買等問題根本無關緊要。

法則44

他們可能不想要解答

碰到總說「你說得沒錯，可是……」的人會讓你覺得沮喪，因為你確實想幫忙卻又幫不上。

我的一位同事總是說他想轉職，從我們一起工作時，他就在說這件事，一直到兩年前我離開前公司時，他還在說這句話，再過五年也還是如此。剛開始，我試著支持他的想法並提供建議——他主動詢求——我幫忙分析他所具備的條件、擅長的工作、嗜好及喜歡的事物等等。但是無論我提出了哪些建議，他總能找到拒絕的理由：存款不夠、學經歷不好、這個區域沒有好公司。

過了一陣兒我才意識到他根本不想換工作，所以我也不再提供建議。只是他仍舊不停地說起並徵詢我的想法，但我很巧妙地避開這個話題。

這通常稱爲「你說得沒錯，可是……」[11]的固定模式。也就是無論你提出了什麼建議，對方總會找理由迴避問題。這會讓你感到相當沮喪，因爲你確實想幫忙卻又幫不上。這種模式使得你和同事都感到十分沮喪，但如果你與家人平時就在玩這種遊戲，這可能就不會太困擾到你。

實際上，在某種程度裡，你比你意識到的有用得多。對方大腦裡存有的執念（他不一定意識到）會拒絕掉你所有的建議。因此，不斷地提供給他們可以拒絕掉的想法，其實這正是他們想要的結果。長遠來看，這種模式對他們的心智是否有好處，那就是另一回事了。

你想要我告訴你，爲什麼有人希望你提些建議，然後再拒絕這些意見呢？嗯……人性是複雜的，「沒錯，可是……」的回答模式可以滿足人性裡任何一個（或多個）需求。我認識一些經常玩這種「遊戲」的人們，他們常以自己的困境來搏取同情。你會注意到，當你進入「你說得沒錯，可是……」這種回答模式時，這種對答會持續一

11 在此我想向艾瑞克・伯恩博士（Eric Berne MD）致謝，他是第一位辨識出這種「遊戲」的人。

陣子，注意力會集中在提問者身上。沒錯，這種模式其實就是取得關注的好方法。根據我的經驗來看，我想強調的是，會這麼做的人大多不是刻意的——但也是有例外。

另一個以「你說得沒錯，可是……」作爲回應的理由是：把責任從應該做決定的當事人，轉嫁到提建議者。如果你提不出一個可行的建議（這成了你的責任），那麼失敗的就是你，而不是他們。一旦你明確地表示自己對此束手無策，那麼做不到便不再是他們的錯。

一旦你發現有人在玩「你說得沒錯，可是……」的遊戲，最好的應對方式就是不要提出建議，而是反過來詢問對方：「你覺得應該怎麼做？」當然了，如果你是提問者，此時你該捫心自問爲什麼自己要這麼做。

法則45

別輕易說出「看開點」

有些感受更讓人難以面對。

沒人想要不開心的感覺，眞的。我知道有些人看似沉迷於悲傷中，但這是因爲對他們而言，處在這種情緒裡相對安全些。「低微者不怕跌落」[12]就是在說這類的人。不快樂的人難以爬出泥沼是有原因的，他們要麼不知道該怎麼做，要麼擔心自己會陷入另一種困境中，例如你身邊有人去世時，總會讓你感到悲傷；但如果你不難過，可能還因此感到自責。所以你唯一能做的，便是選一種困境並面對它。

12 "He that is down need fear no fall" 出自十七世紀詩歌，原作為約翰・班揚（John Bunyan）。

在這之中你可能已經注意到，有些感受更讓人難以面對。很多人會不加思索地告訴你，他們因爲沮喪而感到憤怒。他們寧可承認自己有特定的擔憂，也不願意承認自己有廣泛性焦慮症。造成這種現象的原因有很多，一部分原因是來自於他們的生長背景。但整體而言，人們傾向承認對**某些**特定事情的憂慮，也不願意承認**長期**處在焦慮之中。造成這種現象的一部分原因，是連他們自己都難以合理化這種情緒。

所以囉，與其承認自己有廣泛性焦慮症，說自己是在煩惱房子賣不掉來得容易得多。你能輕易說出最近因爲公事而與同事大動肝火，但不會承認自己長期有情緒管理的問題。你可以輕易承認父親的離開使你心情低落，卻不會去承認自己長年處於憂傷之中。

有許多人從小就意識到，這些長期、非特定、明顯是非理性的負面情緒，都是軟弱的象徵。因此，他們不願意承認悲傷（除非是近期發生的事）、孤獨、焦慮、沮喪，因爲他們覺得自己應該擺脫這些負面情緒，然而事實並非如此。

人們不願意談論這些感受的原因之一，在於他們擔心你聽完後會說：「振作起來」、「向前看」、「打起精神」、「放下它，面對它」。聽著，如果事情眞的這麼簡單，難道他們自己做不到嗎？情緒問題不是這麼運作的。你跟他們說該振作起來，只會加深他們本來就無法做到的絕望和無助感。試問這樣的安慰有什麼幫助？

即使是專業的心理醫師在幫助這些有情緒困擾的人時，也是在面臨極大的挑戰。如果解決問題只需要告訴他們振作起來，那麼心理醫師何必爲此花大把時間接受訓練，對吧？若眞的如此容易，這些醫師們早就失業了，甚至這種職業將會消失。我們所談論的是情緒的複雜性，更何況每個人的情況各不相同。因此，當有人經歷分手或喪親之痛時，你說「看開點」；或者當有人焦慮或憂鬱時，你說「振作起來」。這些都只會讓事情變得更糟。或許這些話對你有效，但如果對他們也有用，他們早就這麼做了，何必向你敞開心房、傾訴心聲呢？

法則46

孤獨是一種心理狀態

與其說孤獨是缺少與他人身體上的親近，倒不如說缺乏情感上的親密感。

我懷疑大家都跟我一樣，想到孤獨，馬上會聯想到獨自生活的老人。實際上確實也是如此，很多獨居老人都感到非常孤單。然而，孤獨與你的身體狀態無關。孤獨是一種情緒，與其說孤獨是缺少與他人身體上的親近，倒不如說缺乏情感上的親密感。

這也意味著，儘管有些人鮮少與他人接觸，但他們仍然感到幸福、愉悅和滿足，也許他們幸福的來源就是這種物理上的疏離。想想隱士們，沒人會覺得他們不幸或孤獨，因為這是他們自己選擇的生活方式。

從另一個角度來看，這也意味著有些人投入許多時間在社交之中，但他們依舊感到孤單、寂寞。他們可能是青少年或是退休人士，個性上害羞或合群，單身或已婚——令人驚訝的是，其中更有不少人是處在缺乏情感親密的婚姻裡。

我有一位朋友，當了很多年的快樂單身漢，後來認識了一個女人後，兩人墜入愛河並結婚。多年後，他的妻子去世了，他成了孤家寡人。他說，儘管現在的生活與以前單身時沒多大的差別，但他卻感到無比的孤獨。我問他究竟發生了哪些變化，他說：「我知道我現在懷念的是什麼。」他發現在與妻子的相處中，他獲得了以前從未有過的親密感，現在她離開了，他無法停止懷念那份感受。

首先，這應該是顯然易見。如果有人告訴你，他們很孤獨，那麼告訴他們去參加聯誼甚至是聚會，並不能解決這個問題。當然，這項提議對某些人可能有用，特別是那些人剛好需要結交新朋友；但隨著時間流逝，對許多人來說，這招根本不管用。

許多人不願意承認自己孤獨，然而也有許多人試著承認孤獨，哪怕他們生活在一個大家庭，或者總是忙於各種應酬，抑或做著需要時常與人打交道的工作。對此我們不需感到驚訝或難以置信。任何人都有可能感到孤獨，無論他身邊環境如何。

當然，這一條法則的目的也是幫助他人。如果你有個朋友看起來悶悶不樂，但你又不知原由，那麼請思考一下他是否感到孤獨，看看他周遭所處的環境如何，特別是當他的孩子成年離家、他的婚姻並不美滿，又或是他的雙親剛剛去世。

生活在孤獨中的人比我們想像中來得多，如果我們想提供些幫忙，那麼我們得表現出自己是足以眞誠交流的朋友，而不僅僅是偶爾開個玩笑的人——當然，能跟他們一起開心或開開玩笑也是必要的。如果他們需要別人的傾聽，並且有自信地敞開心房，那麼他們會把我們當成眞正的朋友——是來幫助他們不再那麼孤獨的。

法則47

留點隱私空間

過度的自省會讓人變得更加缺乏安全感。

最近「聊聊挺好」的這種觀點挺流行。意思是，過去那種遇到事情避而不談是有害健康的，我們都應該敞開心胸，多分享、討論自己的心情。

令人感到驚喜，是吧，你也可以試試以這種觀點過生活。有事無法對他人訴說，確實會對人們造成傷害，甚至使人失去快樂；但是這並不代表著每個人都應該把自己的感受說出來，因爲這麼做也是有缺點的。生活的意義是「活在當下」，而不是要我們不斷地分析自己；我所認識過得幸福的人，除了偶爾遇上困難外，並不會整日專注於自己的感受。大多數時候，他們總是更專注於眼前之事，專注地過好自己的每一天，每一週，甚至是每一年。過度自省反倒會讓人變得更缺乏安全感。

與天地萬物一樣，你需要的是調節自己、找到平衡。「無法討論自己的感受」的反面並不是「必須討論」，而是我們「**有能力**討論它」。這是完全不同的事。

能將我們的內心感受，像憂傷、擔憂、恐懼、難過、憤怒、憂鬱等等的負面情緒與他人分享，是非常必要且重要的，但是我們**沒必要**非得這麼做。當你的情緒處於低潮時，最令人沮喪的事情之一就是別人逼著你談論它。並不是每個人在向所有人談論自己的事情後都會感到放鬆。或許在某些時候對某個人訴說心事會管用，但並不一定適用於你，也不一定適用於現在。

有些人明白，現在硬是聊些內心事並不會有實質上的幫助——任何時候都沒有。也許他們必須先釐清自己的感受與情緒，也許他們已經有了答案，只是需要著手執行——畢竟空談解決不了任何問題。也許他們根本不想思考這件事，因爲談論它只會讓自己把專注力放在這件事上，而不是分散注意力。

「否認」是一種被低估的情緒狀態。我聽過有人說：「你必須面對它。」但實際上，如果某人不想面對某件事，爲什麼必須去面對呢？在人類的潛意識裡，通常有個拒絕面對的好理由——因爲面對現實實在太痛苦。拒絕面對在這時是一種保護層，如果你拿走它或逼迫自己清理，只會讓你更加脆弱，這絕非你努力實踐想達成的效果。

當然，拒絕面對現實對有些人而言並沒有好處，可是即便他們需要幫忙，也應該是專業的幫助，並非你我等普通人所能夠提供的。通常，「否認」是一種重要且寶貴的情緒緩衝，試圖剝奪他人處在這種狀態的做法並不明智。

想想你經歷過的艱難時刻，我敢打賭，總會有些時候，你是願意與別人談起，也有些時候你是不願意的；你會對某些朋友吐露心事，對某些朋友則有所保留。曾經有人對我說：「說出來會比較好。」但當時我知道我做不到。這讓我想到：「如果我能給你一拳，我會好很多，但我們最好還是別這麼做。」

最能幫助他人的方式，是讓不想說話的人知道，你並不會強迫他們。如果有人正經歷困難，你能說的最有幫助的話是：「如果你願意聊聊你的事，我很開心；但如果你不想談，我也不會主動問。」這麼做的話，他們在你身邊時就能感到放鬆，因爲他們知道自己不用背負更多的壓力。

法則48

所有的互動有好有壞

你會影響他人，反之亦然。

當我過了不順心的一天時，一位陌生人的微笑、店員貼心的幫忙，或不熟悉的朋友說出一句友善的話語，都能讓我精神爲之一振，這眞是讓我感到震驚。儘管對方根本不知道我這一天過得有多差，但他們做的這些事仍然幫助我不少。

跟大家一樣，我也會有不順遂的時候，這時一位素昧平生的陌生人所表達的善意，常常會讓我不勝感激，畢竟他們根本沒有義務這麼做。與此同時，這些細微的小事累積起來能讓我的情緒逐漸好轉。當然，這種情況僅限於當我身邊的人們非常友善時。我想你也注意到這點，或許你還發現到，當你覺察到這些事對你的正面影響，那麼它所起的作用會更加強烈。因爲如果你對這些微小的善意心懷感激，它們造成的影響便會被放大。

你是否想過你也可以對他人產生類似的影響呢？每一次你向陌生人微笑、幫助努力打開心扉的人一把，或向一位幾乎不認識的人打聲招呼時，你也正在讓別人的一天過得更好。可能只是變好一點點，但也有其他人跟你做同樣的事。或許他們之前遇上了好鬥的司機或脾氣暴躁的鄰居，你的一點小善意就能讓他們平心靜氣，而你自己也會感到不錯，一舉兩得。

我有位朋友的處世哲學是：你與他人任何一次的互動，都會讓雙方過得更好或更糟，那些互動總會有所影響。如果你開始仔細觀察你和他人的互動，你會發現我朋友的想法是正確的。哪怕是最微不足道的遭遇，都會讓你感覺振奮、沮喪、尷尬、興奮、擔憂、開心、失落、寬慰、冷落、愉悅。

你會影響他人，反之亦然。如果你對他人微笑，那麼對方幾乎也會回應你，這會讓你的心情感到輕鬆，還能讓你一整天事事都順心。事實上，某次有人對我怒目而視，我極爲罕見地微笑以對，我知道我已做了那時我想做的，希望讓別人感到一絲溫暖，即便別人拒絕接受這點善意也與我無關。可能對方不知道如何接受善意的問候，但或許當成百上千的人們給予他們微笑，能讓他們學會接受。

法則 49

並非所有人都需要幫助

別人拒絕你的幫助與「你」無關，與你的幫助給別人帶來的「感受」有關。

第二章的法則圍繞在「幫助他人」，這意味著當你有能力幫助時，就應該去做。這並非總是那麼容易，因爲通常你知道自己得透過某種方式做出眞正的改變。

本法則不只是關於你的行爲所帶來的變化，也和你給別人的感受有關。你的幫助通常會讓別人感受到自己被愛、被關懷、有價值、受重視、被需要，他們會因此感激你。但有時卻不盡然。

他們可能會有——或同時伴隨著——其他感覺。他們可能會感覺到受人恩惠、遭人輕視，無助無辜等等，沒人喜歡這些感覺。然後，即便他們拒絕了你的善意也不會覺得開心（除非他們是你幾十歲的孩子）。

在很多情況下，只要你提供幫助，就能讓別人感覺到欠你人情；而你的奉獻卻使你成爲他們的債主，這意味著你的權利地位在他們之上。我知道這並非是你的初衷，你單純只想幫忙，但有來有往才是人們相處的本質。

這就是爲什麼有些人會拒絕能讓他們生活變好的幫助。如果你明白這一點，你就能夠理解「我不要你的幫助」的行爲。這也解釋了爲什麼你的孩子不想你幫忙，而且他們比大多數人還要更清楚地表達出這件事（儘管我們都知道明天孩子會來找你討零用錢、搭便車等）。

大多數人在迷路或摔倒時，對陌生人的一次性幫助大多都會心存感激。當然，如果你想扶一位老婦人過馬路，但她不認爲自己需要幫助，那麼她可能不會感謝你。大多數老人拒絕幫助時都彬彬有禮，但你必須明白他們的想法。

人與人之間存在著頻繁的因果關係，多到最後都無法計算出個所以然。但只要雙方能互相幫助，這才是愛和友誼的眞諦。

你可能會遇到一些永遠無法重新信任別人的人拒絕你的幫助。你經常幫助他們，而且不需要他們的回報，但如果對他們而言，你已經佔有某種優勢，情況更是如此。

因此，不要停止幫助他人，而且要意識到他們的反應，並理解他們之中爲何有些人會拒絕你的好意。別人拒絕你的幫助與你無關，與你的幫助帶給別人的感受有關。

Chapter 3

獲取他人支持

Getting Them on Your Side

並不是所有人都跟你有相同的想法。你認爲你的母親年紀大了，隨時需要你的幫助，但你母親不一定這麼想；你認爲手上的計畫可以帶來的經濟效益遠遠大於公司提供的預算，但你的主管不一定這麼想；你認爲鄰里之間沒必要如此戒備森嚴，但你的鄰居不一定這麼想；你認爲週間的晚上玩到通宵是件很不實際的事情，但你的朋友不一定這麼想；你認爲某個客戶需要特殊待遇，但你的同事不一定這麼想。

理解他人的想法，有一半是爲了讓你能說服對方用你的方式來想事情。這個章節將談論如何與他人站在相同的立場上，好讓彼此都以相同的方式看待事物，以便談判時能達成協議。但這些**不是**在教你如何操縱或脅迫他人，且不惜代價來獲得自己的目的。這個章節是要運用你的人際關係，使**每個人**都想要同一件事。

如果你讓對方感到沮喪、欺騙、情緒低落、騷擾、壓力、操縱，甚至打擊，這就說明你的做法錯了。這一章節的目的，是要讓你們彼此都能因爲雙方共同的決定而感到高興，並且感受到你們之間的信賴和認同。

法則50

信任是互相的

別人對你信任與否是一種感受，而非「選擇」。

假設你取得某個人的信任，那麼對方便會凡事都替你著想。問題是，你的同事、朋友甚至伴侶信任你嗎？當然，有些人天生容易信任他人，但是如果你懂得其中的奧祕，那麼你幾乎能獲得人們的信任。

首先，你要懂得別人對你的信任與**選擇**無關，而是一種感受。也就是說，對方要麼感受到你的信任，要麼感受不到。我曾經就遇過這樣一位老闆，他認爲信任是職責之一，因此認定員工都必須要信任他。然而，這個想法在現實生活中完全行不通。工作時，員工們可能表現出對老闆的極大信任，但要讓員工們打心底信任老闆，那根本是不可能的事。除非員工們眞心認爲，否則連員工都控制不了自己要信任誰。更重要的是，不要強迫他人信任你，這項要求太不合理。當然，若是這麼做的結果也只會有一個——信任危機。

是的，信任危機。因爲信任不是開關按扭，無法隨意切換。也許截至目前爲止，你的朋友對你都有些信任基礎，你的伴侶可能也完全信任你，而你的老闆對你大概只有些許的信任；一旦你做了越界的事情，他們會果斷地把你拉進黑名單裡。

因此，如果你希望能獲得周遭人們的信任，你就必須努力贏得它。不管你願不願意，這是取得信任的唯一途徑。不用緊張！想要贏得別人信任的方法非常容易，那就是——你也要信任對方。簡單吧？當然了，有一部分的人會比其他人更容易信任他人，這沒有好壞之分，而是他們的天性使然。那麼，我們要如何表現出自己對他人的信任呢？

- 不要私下談論或散播對方的謠言。
- 在「外人」面前要站在對方的立場。外人是指家庭、朋友、公司以及部門之外的人。
- 在對方需要的時候給予支持和同理。

- 在不辜負他人信任的前提下，盡可能地敞開心房，尋求合作。
- 不論你是否認同對方的觀點，也要尊重他們的意見；你可以提出不同的觀點，但不能蔑視或嘲諷對方。
- 當對方激情澎湃地表達觀點、抱怨、想法或講解計畫時，不管你認同與否，都要認眞傾聽。
- 向對方展現他們所關心的事物——記住對方孩子的名字，或是他們上週面試的後續進展。
- 如果對方爲你做了一些事情，一定要心懷感激。無論是朋友爲你做飯時記得你喜歡的飯菜，還是團隊成員拿下了新合約。千萬不要只說「謝謝」來敷衍了事，一定要告訴對方你爲什麼感謝他（她）。

當你與身邊的人都能如此相處，你會發現，你周圍都是對彼此信任的人。

法則51

注意細節

在與對方交流的過程中盡可能專注地傾聽，越用心聆聽，記憶就越深刻。

人們都希望自己被關心、被在乎；相反的，人們都不喜歡被遺忘、被忽略。如果曾經有人忘記你的名字，你會感覺自己微不足道、無足輕重、無人問津、不值得被關心和惦記，這是一種可怕的感覺。但如果對方記得你的名字時，你會產生截然不同的感受。

當然，如果對方做的只是記得你的名字，這通常不算什麼（除了對方不記得你的名字而產生的所有負面感受）。你的感受取決於對方跟你有多熟、你們最近一次見面是什麼時候，甚至你們之間的關係有多緊密。如果兩年前碰過面的CEO還記得你的名字，那就是一件值得高興的事情。

在我很年輕的時候，曾經與一位知名演員工作過。作爲一名演員，他每天都要跟各式各樣的人打交道：其他演員、劇組成員、導演等，甚至在一年內接演多部作品的話，便會遇到更多各個新面孔。我沒想到自己會碰到這位演員，因爲當時的我只是在一家小型傳播公司兼差幾天。這名演員很樂意與每個人聊天，當我們聊天時，我不經意地告訴他我的其他職涯規劃。大概是兩年後的一次偶然機會，我再次參與了這家傳播公司的電影拍攝，並且回到之前拍攝的地方待了幾個星期，沒想到這位演員也參與這部電影的演出。剛見到他時，我猜他早就不記得我了，沒想到他一見到我就熱情地跟我打招呼，問我過得怎麼樣、爲什麼也在這裡，還問到我的職涯進行得如何。他確確實實記得我跟他說過的話。我竟然能讓一個大明星記住了，這是一件多麼令人興奮的事情啊！

所以，千萬不要低估記住他人的價值，記住他人姓名和他們曾經告訴過你的事情，尤其當對方認爲你是長輩或上司、或在某些方面比他們強的時候，就像當年我看待這位演員朋友一樣。記住服務生的小孩的名字、同事即將舉辦的家庭聚會、鄰居要去哪度假，或是表哥的老婆喜歡薄荷茶加蜂蜜等，這些細節都會讓對方深受感動。

你是不是在想，我每天那麼忙，怎麼可能記住這麼多事情？我可以告訴你兩個小祕訣。第一，在與對方交流的過程中盡可能專注地傾聽，越是用心聆聽，記憶就越深刻。我的那位演員朋友就是這麼做到的——他認眞仔細地聆聽。第二，你可以用筆記錄下來，因爲你不可能記住別人說過的每一句話，但你可以寫下來。我就有這個習慣。我在每個客戶的檔案中，都詳細記錄了他們告訴過我的細節，好提醒自己客戶的女兒考駕照的時間，甚至是客戶喜歡喝哪一種酒。如果你知道親戚或朋友將在十一月來拜訪你，那麼你就用鬧鈴或其他慣用方式提醒自己。

這方面我的牙醫就做得特別到位，他總是能記住我的最新動態，比如我要去哪裡度假或旅遊。我知道他之所以記得住是因爲他會寫下來。當他眞的記下這些事時，我是否感覺到他「假裝」對我的事感興趣？當然不會，我會很開心，因爲我是值得他用筆記錄下來的人。只要他願意記住我，不論是用筆還是用心，我都感到開心。

法則 52

稱讚要真誠

稱讚是建立信任的最佳途徑。

我知道有些人藉由算命、塔羅、占星術來賺錢，他們列出讓人們覺得自己能勝任某件事的內容，實際上，你也可以對任何人說出這些話。其中之一便是：「是啊，我知道你是不容易被牽著鼻子走的人。」我特別喜歡這種帶有反諷意味的語句，因為這句話顯然吸引著每一個接收者。

如果你在字典中查詢「奉承」的解釋會是：「乏味空洞或不真誠的稱讚」。這也表示「空洞的奉承」幾乎毫無意義，因爲它只不過是空洞的稱讚。[13]有些人不會拒絕任何形式的阿諛奉承，而有些人則會對別人給予的恭維做出理性判斷，並厭惡不切實際的讚美。即使你是在跟第一種類型的人打交道，但只要你的稱讚不是出於眞心，那麼你都是在欺騙他們。

誰都不想因爲虛僞、不切實際的稱讚而被對方或聽到的人揭穿，要麼對方會說你缺乏眞誠，要麼弄巧成拙，最後落得搬起石頭砸自己的腳。像是朋友跟你說，謝謝你曾說過喜歡他的作品，所以他想把最新的畫作送給你，好讓你掛在你家客廳牆上。

當然，稱讚別人是建立信任的最佳途徑，能讓對方感覺到你們的立場是一致的。藉由稱讚，對方能感受到你的細心和關懷，甚至鼓勵對方堅持做自己擅長的事情。此外，稱讚可以讓對方感覺良好，無論對方的感受是否對你產生任何實質上的好處。事實上，這條法則的眞正用意是：當你願意無私的稱讚他人時，是能得到他人的回報，

13 因此我認為，以邏輯上來說，「空洞的奉承」是不真誠也不誠實。這像是雙重否定。在這個情況下，難道空洞的奉承意味著真正的稱讚？還是這就是恆真（tautologous）？

使他人支持你。

我想說的是，不要停止對他人的稱讚。要確保你的稱讚是發自內心。切勿將眞誠的稱讚變成空洞的奉承，否則你將失去他人對你的信任。我的家庭成員中有人是當演員的，而這名演員非常執著且擔心朋友們對他的評價，所以我最怕受邀觀看他的演出。如果我覺得戲演得不好時，我得先絞盡腦汁思考該怎麼稱讚他，因爲表演結束後，我得到後臺看他，在這個時候總得說些什麼。遇到這樣的尷尬情況，我告訴大家一個方法，就是找出你喜歡的地方來稱讚。例如你可以說：「親愛的，你那幾句臺詞說得太好了！」或者「眞是一部好作品啊！」你甚至可以這麼說：「你演這個角色太難了，那麼多臺詞你是怎麼記住的？太厲害了！」也就是說一些能傳達正面訊息的話，避免說一些違心之論。

法則53

稱讚要有感染力

懂得給予他人真誠稱讚的人少之又少，但這些人都很厲害。

儘管本書的法則都圍繞在讚賞他人上（如果你是按照法則的順序來閱讀的話[14]），但並非所有的稱讚都是千篇一律，尤其是眞誠的稱讚。「眞誠的稱讚」以不同表達方式呈現，其效果會是天差地遠。懂得給予他人眞誠稱讚的人少之又少，但這些人都很厲害。一旦你能掌握稱讚他人的祕訣，那麼你也能成爲其中的一員。

14 並非每個人都是從第一章閱讀書籍。突破慣性是件好事——你為何不挑戰跳著看這本書——看看你能如何應對一本書的脈絡。

因此，我在這裡傳授一些快速上手的方法，讓你能輕鬆說出眞誠且命中率極高的稱讚。

首先，也是最重要的一點：將稱讚盡可能具體化。不要只會說「做得好」、「事情安排得井井有條」這類較廣泛且空洞的語句。雖然你可以用這些語句作爲開端，但後面一定要說出具體的原因：「活動舉辦得十分順利，過程裡你始終保持開朗的態度且表現鎮定，把一切都設想在內，連布置的鮮花都精心挑選，計程車也都幫客人們安排好了，眞的是細心又貼心啊！」這樣的稱讚是不是比一句簡單的「做得好」來得更悅耳多了？這段話裡沒有夾雜消極或輕蔑，甚至在你稱讚的語句中，更清楚地表達你注意到哪些細節，並且讚賞對方在工作上的表現與用心的程度。

第二，跟他人聊天，並向他們提問。人們喜歡與他人談論自己；當你這麼做也表示你是眞的對此感興趣：「你是在哪裡找到這麼棒的幻燈片來解說你的火山理論？是你自己做出來的嗎？」

還有一點，如果你曾經是接收者，那麼你肯定會知道這一點：不要在稱讚後再加上「但是」這類的話。例如，「但是，下次記得把時間控制在十五分鐘內」。任何稱讚一旦在結尾加上諸如此類的話，效果就會大打折扣，甚至適得其反。

這些稱讚教學用在日常小事應該是綽綽有餘了。實際上，你能從這些小小的稱讚他人中獲得滿滿的成就感，比如稱讚孩子從學校帶回一張自己創作的畫，或者稱讚同事在工作中做出的一點成績（畢竟這些小事若讚美得太誇張，就顯得不太真誠）。但如果別人獲得了特定的勝利時，你可以再提升自己的稱讚技巧。

只要是人，都喜歡被認同。或許每個人渴望被認同的理由不盡相同，但渴望被認同的心卻是人人都想要的。因此，當某個人表現出色時，請你正式或公開地表達你的稱讚吧——最起碼的是，要讓對方知道。像是把他們的工作表現記錄在考核中、email向對方致謝且同時將信件副本給其他同事，又或者在他們在乎的人面前稱讚他們。當有其他人讚揚他們時，也會一併轉訴你的話：「麥琪那天跟我說，如果沒有你那麼鎮定地幫她，她都不知道婚禮上該怎麼辦。她特別佩服你在任何時候都知道下一步該怎麼做。」

如果你遵守了以上的稱讚技巧，那麼你的所有稱讚都會對別人產生神奇的效果，你的稱讚會百發百中，而且透過稱讚傳遞給對方的，是一種自己被珍視、被賞識的感受。

法則54

保持適度的稱讚

如果對方稍有成就便給予極高的讚揚，那麼你是在削弱稱讚的效力。

有不少人會產生這樣的想法：既然讚美是一件好事，那大量的讚美肯定是錦上添花。然而，事實並非如此。如果你給的是不恰當的稱讚，將會帶來意想不到的傷害。最糟糕的例子就是給予子女不恰當的稱讚，有些父母總是會誇獎孩子有多麼聰明，無論孩子做什麼事情都會讚揚他做得棒。對於處在成長階段的孩子來說，父母的言行會對他們產生巨大的影響。此外，不恰當的稱讚朋友、同事還是家人，也都會產生非常糟糕的效果。

我並不是說你不應該頻繁地稱讚他人。只要是別人做了值得讚揚的事情，你就應該盡情地稱讚他們，只是不要過頭了。首先，對於他人做能力範圍內的事情給予誇大的稱讚，可能會讓稱讚顯得不太眞誠。比如朋友在回家路上順手買了鮮奶，你便大力稱讚：「你做得太好了！太棒了！你眞的太厲害了！」這樣的稱讚太難令人信服。事實上，有很多人都傾向以誇大稱讚法來評論一件普通的事情，他們口中的「非常感謝！你眞棒啊！」其實相當於他人口中的「好的，謝謝」。不過，每個人都有自己的特色，所以從某種程度上來說，這算不了什麼。

過度稱讚還會帶來一個更嚴重的問題（這也是父母不經意誇讚孩子會導致的嚴重後果）：造成接收者的心理負擔，從而使對方變得焦慮。在他們的內心深處清楚知道，自己不是做得那麼好或是特別，而爲了迎合你的稱讚，他們會不斷給自己壓力，好讓自己不辜負你的稱讚。此外，如果對方有一點點成就後，你便給予高度的讚揚，實際上你是在削弱稱讚的效力；一旦對方做到眞正出色的表現時，你又該如何稱讚他呢？

之前我的妻子曾主辦過一次大型家庭聚會，她特別擅長做這類的事情。聚會結束後，很多人來誇獎她設想周到、餐點做得多麼出色、一切安排得多麼井然有序。儘管這些稱讚都是善意的，但她卻因此而有些沮喪。後來我們談論這件事時，她告訴我：

「舉辦聚會這麼簡單的事情，在他們的稱讚裡好像我眞的做出了什麼成就，但我認爲這件事很容易啊。如果他們覺得這件事對我來說是件艱難的事情，那他們也太低估我的能力了。」對我的妻子來說，她想聽到的是：「這次聚會舉辦得眞棒，不過以我對妳的瞭解，這樣的聚會對妳來說簡直易如反掌吧！」她覺得這才是眞正的稱讚。

除此之外，你還可以用感謝來讚揚對方。我妻子就是個很好的例子，她並不喜歡別人的吹捧，相較之下，她更願意別人感謝她的辛苦付出。她想要得到的是「認同」，感謝對她來說比稱讚更加眞誠。

一旦你理解且消化完我所講述的這些內容後，你應該就能掌握如何適度稱讚他人的技巧。但是，如果看到這裡你仍然有疑問——或沒有疑問——我在這邊可以再告訴你一個祕訣。不要浪費時間說「非常棒」這類空泛的讚賞詞彙。你得花更多的時間注重細節，當你與他人談論他們自己時，要做到上一條法則說的技巧。

法則55

人們渴望被喜歡

你肯定不會喜歡一個討厭你的人吧。

這條法則像是老生常談的話題。沒錯！除了像自閉症等極爲特殊的心理障礙患者（唯有專業的醫護人員才能給予他們建議），絕大多數人都希望自己被人喜歡，而不是不受歡迎。有些人不惜代價只爲了贏得他人的喜歡，有些人則不會爲此委曲求全。實際上，即使這些人都非常在乎被所愛的人喜歡與尊重，但他們與前者的區別在於，前者希望被**所有人**喜歡，而後者更傾向於被自己喜歡或尊重的人喜歡。因此，當你與他人打交道時，得先確認對方渴望被人喜歡的程度。

每個人都會有意識或下意識認知到，喜歡是互相的。你肯定不會喜歡一個討厭你的人吧。因此，某人認爲你喜歡他，那麼他肯定願意與你合作；反之，如果他覺得你討厭他，那麼要一起共事便十分困難。

因此，這條法則的核心便像是：如果你喜歡對方，對方也能夠感受到你對他的喜愛（這應該是身爲人最基本的一種感知能力吧）。爲了保持他在你心中的好印象，他會盡力做好你所交代的事情。對於一個能感受到你對他的厭惡的人來說，他肯定不會去迎合你。

乍聽之下，這看似一條簡單的法則。但是，請仔細回想你所認識愛唱反調的人們，他們似乎不太喜歡他人，顯然難以用這條法則一以貫之。但如果爲了讓他們有一點喜歡你，難道你不會在他們需要幫忙時提供援助？支持他們的論點？或是在他們需要聽衆的時候擔任傾聽的角色？

前提是，對方必須**意識**到你喜歡他們。如果你是眞心喜歡對方，在不需要過多的思考下，對方很自然就能夠感受到你的眞心。但如果面對你討厭的人時，又該怎麼做呢？事實上，如果你不喜歡他們，他們也是能感受得到，這樣一來他們就不會在你需要的時候給予援助，你也會因此更加討厭他們。這就形成了一個惡性循環。

在這種情況下，你當然可以不理會你討厭的人，讓這個惡性循環持續下去。但如果你需要這些人的幫忙，你就得改變自己的想法，迫使自己與這些讓人頭疼、難以對付、老出難題的人們好好相處與溝通。這很棘手，對吧！是的，非常棘手，但也不是不可能實現。

我發現，最好的解決辦法是，別逼迫自己一下子接受這些人的全部，這實在太困難了。如果你仔細挖掘的話，總能在這些人身上找到某些特點。你只需要找到它。這時不妨思考一下，在他們的伴侶和小孩眼裡看到的他是什麼模樣，也思考一下在他身邊的人們爲何如此觀看。即使你一開始會爲他們的伴侶、小孩感到難過，可正如莎士比亞所說的——那也是趨向愛的步驟啊。也許他擅長做自己的工作，使伴侶的生活更加輕鬆，也許他很幽默、也許他對動物們很友善，諸如此類。一旦你邁出艱難的第一步，你就會逐漸改變自己對他的看法，從不喜歡到不討厭，甚至最後逐漸喜歡上對方。至於如何讓對方感受到你的善意——你可以偶爾給予對方眞心的稱讚，也可以在偶遇時給他們一個微笑。久而久之，對方自然能感受到的。

法則56

贏得尊重

無論你做什麼，都要能做好它。

的確，正如你所想，上一條法則也能解讀成：如果對方喜歡你，對方幾乎會盡力幫助和支持你；對那些看似不太喜歡你的人，想得到他們的支援與幫助就會比較困難。他們可能不會故意破壞你的計畫（本書第四章將會聊聊「難相處的人」），但是他們也絕對不會伸手幫你。

做些過於刻意討好的事，像是親手做個蛋糕、送上鮮花或是努力迎合奉承他們，通常都不會成功。實際上，除了將他們視同其他人般同等對待以外，沒有其他任何方法能使他們喜歡你。因爲你眞正想贏得的是那些人的尊重（過於努力迎合會失去應得的尊重）。人們一般都會喜歡自己所尊重的人，除非這個人特別差勁。你當然不會是一個特別差勁的人，因爲你遵守法則，並且善待他人。你尊重的人不一定是最親近的人，但你會非常喜歡他們。如果他們向你尋求幫助和支援，你一定會傾囊相助。如果有人非常尊重你，他們會重視你的認同，因此不會隨意拒絕或爲難你。

如果你想知道你能如何贏得他人的尊重，能講的東西實在太多了，但歸納起來是這幾點：

- 擅長你所從事的工作；
- 知道自己擅長的事；
- 勤懇地完成工作。

無論是在工作中、與朋友相處時，或者幫助別人的時候，請確保你都能做好它。這就不僅是你得在指定時間內完成或達到既定目標，眞正做好你的分內工作，你必須冷靜優雅、不要大驚小怪，也不要對別人提出不合理的要求來實現自己的目標。做得好與壞不是看最後的結果，而是過程中你能否與他人有良好的互動。

我之所以強調你得知道自己擅長的事，是因爲你若在工作時，不斷透過言語或其他動作來尋求他人的確認、賞識和認同，你便難以贏得他人的尊重。這只會讓你看起來是個隨時需要給予幫助的人。

你得堅定不移地遵守你的價值觀，再艱難都得奉行。堅守你的信仰，無論是從大局還是細節。始終尊重且禮貌待人。在別人需要援助的時候，勇敢伸出援手。

這些法則對你來說都不難，如果你都做到了，那麼你就一定能夠贏得他人的尊重。只要贏得了對方的尊重，那麼你想讓對方喜歡你就很簡單了。

法則57

保有幽默感

幽默是極具個性化色彩。

如果你想讓人喜歡且贏得尊重，「幽默感」是其中不可或缺的一大部分。大多數的人們都喜歡有幽默感的人，這類人在獲得他人的支持往往輕鬆得多。如果你能讓別人開懷大笑，那麼基本上你就贏得對方的喜歡了。

請注意，我所說的幽默感不是指你每天都應該跟辦公室的同事們講笑話，或是無論別人問什麼，你都回答「你有聽過……？」你不需要當個開心果，或是計算你每天設法逗笑多少人。我所說的幽默感絕非如此。

既然我們談到了保有幽默感應該避諱的情況，那麼我也詳說哪些玩笑是不能隨意開的：

• 將團隊、家庭、組織成員以外的人當作笑柄。
• 任何把他人當作攻擊目標的惡作劇（幾乎所有惡作劇都包含在這一條中）。
• 任何歧視少數族群的玩笑，例如性別歧視、種族歧視、對殘疾人士歧視的笑話。

嘲笑自己所處群體之外的人，是一種極不禮貌的行爲。如果你試圖用這種行爲去討好他人，不僅不會讓你大受歡迎，更可能使別人厭惡你。我唯一想到的例外，就是選擇讓自己成爲公衆人物的人們，因此，如果你願意的話，你是可以對現在的總理或總統開玩笑。

那麼你該如何保有幽默感呢？好吧，你可以適時地運用名言警句、天馬行空的想像力，或者巧妙地利用雙關語、嘲諷等等的幽默。有些人天生就有幽默感，有些人則沒有。如果你天生就是一個有幽默感的人，那眞是太好了，你可以好好利用它來贏得他人的喜歡。但如果不是也不必強求，因爲幽默是很個性化的東西，不是想學就學得來的。

好在還有一種我們都能掌握的幽默形式，那就是自嘲。你不用每天刻意去找自嘲的素材，只要抓住恰當的時機進行就可以。我們可以開自己的玩笑，講一些自己幹過的蠢事，或是嘲笑自己的某些特點。你不需要每天計畫著得自嘲幾次，你只需要盡力抓住恰當的時機就可以了。即使能讓你自嘲的時機不多，人們照樣會佩服你自我嘲諷的勇氣。

這裡需要注意一點，不要因你的自嘲而失去自己在團隊中的威信。一般來說是不會出現這種情況，但如果你頻繁地向同事分享，你在家庭中因缺乏規劃而造成的種種窘境，久而久之，你的同事也會質疑你是否足以勝任現在的工作。

法則58

勇於承認錯誤

如果我們不能勇於承認自己的錯誤，別人可能會認為我們冥頑不靈。

我工作時的一位老闆經常提起他年輕時創業的故事。我非常敬重這名老闆，他才華橫溢且善於傾聽所有人的意見。他從不仗著位高權重而發號施令，而是用合作的態度與員工溝通。其中的一個故事是這樣的，在他創業時期，特別不看好某項產品，他認為這項產品賣不好，並且建議團隊放棄生產。然而，他的合作夥伴否決了他的意見，事實證明，這種產品是公司有史以來最成功的商品。最後他說，幸虧當時同伴們沒有採納他的意見，他們實在太明智了。

有趣的是，我聽完這個故事後，第一個反應**不是**：「眞是個失敗者，犯了這麼愚蠢的錯誤。這樣的人是怎麼當上老闆的？」就是太多人害怕別人會這麼看自己，所以才不敢承認自己的錯誤。事實上，這根本不是聽眾眞正的反應。我當時的想法是：「他眞是個好人。我知道他當時的判斷是正確的，雖然他犯下這樣的錯誤是多麼不尋常；但他當時確實這麼做了，事後也勇於承認錯誤，這讓他看起來更像個一般人，畢竟連我自己也不見得絕對可靠。」

這位老闆坦然承認自己的錯誤，並且毫不忌諱地談論，這讓我感覺到，即便我在工作中犯錯也不用擔心，因爲我知道他能體諒我。這個事情讓我感到非常踏實，因爲它讓我意識到，我們都會犯下各種錯誤。

另一個勇於承認錯誤的案例是發生在家長身上。這個例子比較新奇，因爲鮮少家長會承認自己在育兒上所犯的錯誤。這裡提到的不是瑣碎的小錯誤，而是重大的錯誤。某次我詢問一對父母，我應該替他們的孩子準備哪些食物。這位媽媽回答說：「應該只有上帝知道答案吧！他特別挑食。都怪我，在他小時候太慣著他了。」從此之後，我特別喜歡這名母親。

那麼，爲什麼有些人仍然拒絕承認自己的錯誤呢？事實上，是大多數人都這樣的。這與我們的自信心有關。如果一個人能從自己犯的錯誤中記取教訓，而且對自己的判斷力有足夠的信心，即便他犯了錯，他也知道那是件無傷大雅的事；相反地，不敢承認錯誤的人，通常都缺乏自信心，我們擔心別人會認爲我們蠢笨、無知、盲目，甚至對我們毫無信任可言。

問題在於，如果我們不能勇於承認自己的錯誤，別人可能就會認爲我們冥頑不靈。如果我們從不認錯，那麼別人就永遠都感受不到我們的謙遜。從這個角度來看，我們是不是又犯了一個錯誤呢？

我並不是主張你得向家人、同事甚至全世界宣揚自己犯的每一個小錯誤。但你需要偶爾反省一下，尤其是當你感覺到自己爲了逃避坦白而禁錮自我的時候，你更要雙手合十對自己說：「眞不知道我是怎麼想的。看看我都做了些什麼呀！」

法則 59

學會寬容

唯一能做的是改變自己。

我曾經跟某人共事，那時的我們共用一間辦公室，他每天工作時都會引吭高歌，當然他是唱給他自己聽的。這位同事很熱情，個性也很樂觀（表現在唱歌上），但他的歌聲快把我逼瘋了。只要他開始唱歌，我便無法專心工作。每當我跟他談論這個問題時，他從未站在我的角度思考，甚至一味地勸我不要鬱鬱寡歡，要開心，要享受生活。

雖然他的回答算不上善解人意，但不無道理。因為我發現這麼多年以來，總讓我生氣的人不是別人，而是我自己，因為我處理這類事情的方式有問題。當有人喜歡在辦公室裡唱歌、總愛吹牛、喜歡冷嘲熱諷、喋喋不休，又或是從來不拒絕孩子的任何要求，我都會感到惱怒生氣。在這種情況下，我有兩種選擇，但我總是會慣性地選擇錯誤的做法（現在我已經改變很多）。

錯誤的做法是——與之爭辯。當別人做了一件你不認同的事情時，你的反應是希望他們停下來，你會被這個想法困擾著，長久下來變得開始抱怨他們。當你選擇這個做法後，你總是處在緊張的情緒裡，等待著他們再做出煩人的事情；因此你永遠都在焦慮中，當對方再次重複這種行爲時，你就會對自己說：「看到了嗎？我就說這樣做很令人生氣！」這種做法毫無意義。這麼做的唯一結果，就是破壞你們之間的關係，因爲你會在無意間表現出對他們行爲的厭惡。

另一種選擇是什麼呢？非常簡單，接受這個事實：對方有令人討厭的習慣，而且你無法改變它，你唯一能改變的就是你自己，所以不要再掙扎。這時你就可以理性地考慮自己應該如何對待這個事情。首先，你要想想他們爲什麼會這麼做，並且試著去同理他們的行爲。或者你可以替這個事情找出積極的一面。就拿我那位喜歡唱歌的同事來說，他永遠都那麼快樂。雖然他的快樂令人抓狂，但這比遇上一個成天憂鬱、怨天尤人的同事來得好吧。

到了這個階段你不再抗拒的話，就可以思考：這究竟是你的問題還是對方的問題。其他人是否跟你一樣，無法忍受同事的歌聲呢？如果沒有，也許對方的做法只是剛好觸動到你的開關。就拿我來說，面對做事很慢的人，我很容易不耐煩。但這是我的問題，並不是對方的錯。

一旦你不再抗拒了，你還可以做到將挫敗感降到最低。當我的同事離開辦公室時，我可以戴上耳塞、聽音樂，或者將需要集中精力完成的工作放在同事離開辦公室之後再處理。

我和妻子在與共同朋友碰面時，會偷偷記下他們令我們惱怒的習慣，之後再互相交換看看誰的惱人習慣最多（比如父母們對孩子無條件地妥協，妻子們會在公共場合令丈夫難堪）。我們發現這種做法不僅能將他們惱人的行爲變得有趣，而且我們會更願意看到他們做那些惱人的事（我不建議大肆宣傳這種做法，這僅供你跟伴侶或是最親近的朋友私下進行）。

以上種種解決問題的方法都有一個共同的前提，就是你的包容。如何做到這一點呢？最有效且最難做到、但也最值得一試的方法就是：忽略問題（我的意思是眞的忽略它，而不是自以爲是地假裝忽略。畢竟我們都曾犯過這樣的錯誤）。

法則60

建立私交

當你發現自己與完全不熟的人產生共鳴時，這是一種非常美妙的感覺。

我們都傾向於喜歡和信任著我們視爲「同類」的人，那是因爲跟他們相處時，做起事來更爲順暢，心情也更爲愉快。如果是與家人或密友相處，我們也可以毫不猶豫地相信對方。但如果對方是你無法選擇的人，比如同事、在校門口遇到其他孩子的家長、熟人、客戶、鄰居或親戚[15]，那麼在溝通時就得花些腦筋了。

其實和這些「你無法選擇的人」保持良好關係是值得的。除了能爲彼此帶來點快

15 有時候家人也會歸在這一類中。

樂之外，有些時候你的確需要與他們建立關係。因此，你能讓他們感覺到你們是「同類」，對你來說也是有好處的。如果你與他們有相同的喜好、遭遇過同樣的困惑、都來自世界的某個角落，甚至是欣賞同一部電影，你就能贏得他們的認同。

只是這一切是假裝不來的。不管是從道德方面，還是其他角度。人們通常會識破你的偽裝，進而更加不信任你。但請相信一點，**我們每個人都有共通點**。你要做的就是找到它。有時，你不費吹灰之力就能找到，像是對方穿著他們喜歡的球隊球衣，或者從他家牆上的海報看出他喜歡的明星。你只需要聊這些話題：「你喜歡曼聯隊啊？我是切爾西的忠實粉絲。你有看上週六的比賽嗎？」然後你就可以打住了。你不用每次見到他都談論這個話題，偶爾聊聊即可，讓對方記住你們之間有共同興趣。

當然，在大多數情況下，你想找到與其他人的共通點卻不是那麼容易，有時你甚至得爲此花些心思。但根據我的經驗，如果你向對方請教一些個人的問題後再仔細聆聽，一定能從中找到一些線索。就我來說，我與他人的共通點通常是孩子，因爲我的孩子們年齡差別較大，所以我可以跟大部分的家長們找到共通話題。有些人特別具備嗅出共通點的本能，比如說，哪些人是老爺車的愛好者、哪些人喜歡園藝、哪些人是魔戒迷。

你需要不停地尋找與他人的共通點，直到有所發現。如果他們要去接剛下游泳課的孩子，你可以說自己的孩子也很喜歡游泳，前提是你的孩子是「眞的」喜歡游泳。如果他們說下週要去度假，你就可以問問他們要去哪裡，說不定他們度假的地方恰巧你也很喜歡。

當你發現自己與一個完全不熟的人產生共鳴時，那眞的是一種非常美妙的感覺。你要繼續保持下去，讓對方知道你很珍惜你們之間的共通點。但是不要繞在這個話題上喋喋不休，只需偶爾提起，作爲增進你們之間情感的基礎。這種美妙的私交並不會把其他人排除在外，卻能夠讓對方感受到你們的關聯是獨特的，事實也的確如此。

實際上，你要跟每個人都建立起這樣的關聯，但與每個人的關聯也要有所不同，如此一來，熟人才能變成朋友。這樣不是更好嗎？

法則61

互動方式因人而異

對大多數人而言，這都需要付出不懈的努力，直到與對方熟絡。

這條法則跟上一條有個共同之處，那就是**引起共鳴**。人類是社會性動物，我們大多數人都想與他人互動。你與他人互動得越多，你就會發現有更多人成為你的盟友。無論你是需要請求他人幫忙、完成交易、推動社會改革、達成協議、讓某人簽下你的連署書，還是禮貌地請鄰居來你的花園牽走他的狗，都是需要與他人的合作，成功的機率才會更大。

這條法則對你來說可能較為棘手，除非你已經熟稔於心。有些人不費吹灰之力就可以做到，如果你是這樣的人，那麼眞的恭喜你。但是對於大多數人而言，這是需要付出不懈的努力，直到與對方熟絡，才有可能與他人引起共鳴。

我的一位同事就有這方面的天賦。在當時，我和這位同事手上都有來自各個階級與背景的客戶。而我的同事只要稍稍改變她對每個人的說話方式，就能輕鬆地與不同的人相處。即便是極小的調整——大多數人都覺察不到——像是言談中更有禮貌、表現的比較親密恭敬、甚至是少說話，都能使她與客戶的關係變好。

其中關鍵是她對待每個人都很眞誠（這是我們需要下功夫學習的一點）。實際上，她不是有距離感的人，雖然有時會勉強自己健談，卻也尊重且眞誠待人。這些都是她眞實自我的表現，她只是善於把最恰當的一面呈現給不同的人。

這是一種微妙的行爲表現，也是一種經過挑選的特定談話方式，或是經由選擇後合宜轉換的談話方式。舉例來說，我們都有過咒罵的經驗，對吧？你在不滿時的咒罵字詞，可能比別人糟糕得多，但它發揮了一定的效用，無論其他人是否這麼認爲。又或是，你本來就是個喜歡咒罵的人。現在，請想像你曾經說過最難聽的咒罵他人的話，倘若你與最好的朋友、伴侶或是能讓你做自己的人在一起時，你最不會在哪個人面前說出這些難聽的話？你的爺爺？你的醫師？還是從未見過面的客戶？又或是五歲的你？

是的，這就是我想說的。同樣的話，你會對某些人說，但不會對另一些人說。這條法則的宗旨就是：在不同的人面前展現不同的自己。就拿稱呼來說，即便是面對兩個你都熟識的人，你可能會用「先生（女士）」來稱呼其中一個人，但你可能會直呼另一個人的名字。這是因爲你瞭解A喜歡受人尊重的感覺，而B覺得人人平等。

如果你將注意力放在與你打交道的人，並觀察他們的言行舉止，你就可以調整自己與他們相處的方式，用他們最能接受的方式來對待他們；而他們會因此感激你，無論他們是否意識到了你的付出。

法則 62

人們通常只認同自己

成功離不開兩個要素：目標和實現目標的途徑。

如果你按照對方的方式做事，往往能得到對方的支持。我明白這不一定適合你，但你起碼應該意識到這一點。一旦有人提出（或全力支持）一個觀點，那麼這個人一定會努力去實踐。如果這個觀點被推翻，那麼他也會爲了維護自己的尊嚴，不遺餘力地奉行到底。

有時候，你可能會認同別人的處事方式，對此感同身受，因此很樂意接受對方的處事方式。這樣很好。但也有些時候，你會因爲與對方的意見相左而發生爭執，當你一味堅持自己的做法時，你會發現對方根本不會配合你。甚至於，對方可能會破壞、貶低你，以此證明他的觀點：你的方式是錯的。

同一件事可能會有不同的處理方式。而人們往往容易忽略這一點，就是對方可能是對的，或者至少對方跟你都是對的，大部分的事情並不是只有一種解決方法。既然都是正確的，何不嘗試一下對方的方式呢？像是你想慵懶地躺在沙灘上來度過為數不多的假期，你的伴侶卻想搭艘小船在運河上度過。與其兩人針鋒相對，何不換個方式，選擇與伴侶在船上度假，或許你會驚喜地發現，在小船上是如此妙趣橫生。

還有一種情況，當你確信自己的決定完全正確時，你就可以利用你的溝通能力說服他人認同你的觀點，向他人展現為什麼你的方案對大家都好：減輕大家的工作量、留給別人好印象、不可多得的工作挑戰、有機會與特定團隊合作，或者這麼做能引起老闆的重視。即便你身居高位，也要引導他人**自願**接受你的觀點，而不是利用權勢將你的想法強加於人。

一件事情的成功都離不開兩個要素：目標和實現目標的途徑。如果你堅信你的方式是實現成功的唯一途徑，那麼你就應該將它傳達給身邊的親朋好友和同事，至少要給他們一個選擇的機會，讓他們決定是否要與你共進退。

如果你的團隊成員與你的想法不同，他可能不認為參加某個展覽活動是明智之舉，而你的想法卻恰好相反，你也要給他一個機會。像是請他負責布置活動現場的任務，給予他充分展示才能的舞臺。我的意思是，你得適當的放手，不要干涉，但在他需要幫助的時候第一時間給予支持。或許布置活動現場的工作不適合他，但這沒關係！這樣的話，你也可以選擇把後勤工作交給他，或使用你能想到的其他方式鼓勵他。這樣做是爲了讓他感覺自己有用武之處。作爲一個遵守人際法則的人，當一切活動順利時，你一定要把功勞歸功於他，千萬別說「我早就說過會成功」這類的話。

法則63

找出共識，並把成功歸於他人

當你給予某人讚賞時，他們便難以說出「那不是我的想法」。

這是獲得他人認同的方式。我們在上一條法則中談到，人們往往只接受自己的想法，所以你需要反覆斟酌如何運用這條法則。如果再進一步剖析，你也可以說：「人們往往只接受他們**相信**是自己想出來的想法。」因此，從邏輯上來說，如果你能讓他們相信那些想法是他們想出來的，那麼要到他們的認同便不難了。

如果這個策略奏效，結果將會皆大歡喜。你開心，因爲你的想法得到了對方的認同；對方同樣開心，因爲他們也認爲他們的想法得到你的認同。這不是一個雙贏的結局嗎？

需要特別提醒的是，這個法則是一個細緻入微的策略，需要在計畫剛開始時就設想好。畢竟你若是剛和某人因想法不同而大吵一架，然後突然要讓對方相信你們之間有共同之處，這樣做就大錯特錯了。這條法則說的是，你提前知道誰可能是與你意見相左的人，並在一開始就讓他們站在你這邊。這才是最有效的處理方式。

在我所認識的人之中，有一位校董就非常認同這條法則。身爲一名非執行董事，他的主要工作就是試圖讓想法不同的人們達成共識。如果董事內部有紛爭，將會直接影響到學校的管理階層。因此這名校董很早便發現其中一名董事總是與大家的想法背道而馳。

那該怎麼辦？其實一切與「歸功於誰」有關。一旦你將某個想法（最好是在衆人面前）歸功於某人，他們就很難說出「那不是我的想法」，尤其是他們無法完全確認的時候。你不能笨拙地說出你需要他們相信這是他們的想法。因此，你得耐心傾聽他們說出的任何話之後，再把功勞歸於他。假設學校正考慮擴大招生，其中一名不想改變現狀的管理者說：「招生會使這所學校不像個大家庭，反倒像個大學。」這時你可以說：「我完全同意。實際上隨著就學的學生年紀增長，他們也需要擴大視野，並做好上大學的準備。你提出的想法很好，謝謝你。」

這麼做是用另一種方式告訴對方：「太好了，你上週提出的想法使我意識到這是個好主意。」或者是，「這眞是個好辦法，如果我們也這麼做呢？」你不能迫使別人說出你想讓他說的話，但你可以傾聽對方所說的，並將那些話發展成你希望他們所相信的。

只是千萬要注意，唯有他人眞正認同其中的共識時，這條法則才會起作用。

法則64

不要告訴他人犯錯之處（即便他真的錯了）

你應該潛移默化地感染別人，進而讓對方認同你的觀點。

對於一個立場中立的人，贏得他的認同不算一件太難的事情。只要你是對的，那麼便可輕易地說服他站在你這邊。但如果你面對的是一個與你意見向左、立場相反的人，那會發生什麼呢？當他們擔任的職位與你的完全不同時，又該怎麼辦呢？

首先，正如前面幾條法則所說，你需要先考慮一種可能性，就是對方可能是對的。但如果不是這樣呢？或者你非常肯定對方是錯的呢？尤其是你需要跟對方及其團隊成員討論他們的想法時，又該怎麼辦？你希望每個人都能支持這項計畫與專案，想讓大家都能將想法付諸工作上。但是，指出他人的錯誤通常不會有太好的結果。

我們都知道他們的錯[16]，但我們最終的目的不是要讓對方產生自卑的情緒。那該怎麼辦呢？我們的目標是：求同存異，既要允許對方表達不同的意見，又要尋找共識。如果你直言不諱，往往達不到想要的效果。比如你稱之為「鏟子」的東西，對方堅稱「鐵鍬」，在這樣的情況下，你沒必要非得糾正對方，只要用「挖土工具」來稱呼它，這樣的說法會損害到你嗎？學著從對方的角度思考吧。如果你與對方總是針鋒相對，那麼留給對方的就只有兩種選擇：讓步或堅持己見。如果對方讓步，他很可能不是真心認同你，而是換一種方式繼續跟你作對，最終結果無異是故步自封。這是你希望得到的結果嗎？你應該給對方更多的選擇，提供更多條路徑。你應該潛移默化地感染對方，進而讓他們認同你的觀點。

我介紹過很多說服他人的法則，但你首先要解決的問題是，如何以委婉的方式指出別人的錯誤；如何告訴對方你們的立場不同，又不會激怒對方；如何將你的想法傳

16 我相信你，如果你說對方錯了，那就是錯了。

達給對方，又不傷及對方的自尊。首先，要言簡意賅，在表達不同觀點時，強調你們是合作關係，而非敵對關係。下面提供幾個例句：

- 「並非如此」（簡潔明瞭，比「你錯了」效果要好得多）。很多人會選擇更委婉的表達方式，像是「似乎不是那樣，是吧?」、「我覺得那樣不太好」、「我不確定那是對的」之類的措辭。
- 「我不同意你的觀點」（重點強調你的「不同意見」，而不是他們的錯誤）。
- 「我的想法和你的不太一樣」或「我不這樣認爲」。
- 「實際上，我有不同的觀點」。
- 「我比較認同你說的這一點」（找到共識，然後表明你的觀點）。

還有一點也很重要，留意你在表達自己觀點時的語氣。如果你用遲疑或緊張的語氣來陳述，那便難以闡述清楚。如果你的語氣強硬或盛氣凌人，也容易留給對方不友善的印象。你的語氣要堅定、自信而友善。掌握上面的法則，你就掌握了如何化解爭論，並爲他人改變自己的立場提供了一條友善的途徑。

法則65

尋求團隊合作

設定團隊目標而非個人目標。

每個人都希望自己所屬的團體，像是工作領域、生活圈、家庭關係還是社交圈中都具備合作精神。一個合作團隊的概念是，每個成員都積極向上，整個團隊充滿活力，彼此凝聚在一起，爲相同的目標奮鬥。如果你是團隊中的基本成員，對你來說要促成團隊合作可能會受到限制；但是，當你在團隊中擔任一名管理者，你便可以將「團隊合作」付諸實踐。一旦掌握了這條法則，你也可以將它運用在家庭和你參與的各種團體中。

促成團隊合作的方式數不勝數，但最關鍵的做法非常簡單：設定團隊目標，不是個人目標，並且給予團隊中每個人獎勵。也就是說，只有團隊中每位成員都表現優異，所有團隊成員將能得到激勵。表現突出的成員仍然可以得到表揚和獎勵（爲了避免內部競爭），但是重點應該放在團體的努力上。

一旦團隊裡的每個人都掌握了這項重要理念，他們就能更輕鬆地在每天的工作裡團結合作。爲了使這個理念能持續進步，你需要不斷鼓勵團隊成員。以下可以幫助你實踐團隊合作。

- 讓每位成員參與重要的決策。
- 靈活調度團隊成員的角色，目的是發掘每位成員的長處。
- 踐行諾言：與團隊成員共享收穫、榮譽、奮鬥過程中的點點滴滴。切勿將功勞據爲己有。
- 鼓勵團隊成員分享經驗，以便他們瞭解彼此在團隊中的位置。
- 不要因別人一時的錯誤而對他們產生偏見，要表現出你有海納百川的氣度（我明白，有些人的建議或許愚蠢，你可以暫時不予採納，或許下回他會提出更好的建議。但如果你在這次打擊他，往後即使他有再好的想法也不會說出來）。

如果你的團隊可以再細分爲不同的小組，你可以讓成員們自由選擇加入哪個小組。這也適用於游泳校隊的訓練小組、分配家務，以及建立同一個專案的不同工作小組。事實是，如果人們和他們想要合作的人合作，他們將會更快樂、更團結。我們每個人都不同，有些人有時會無意中觸怒別人。不論你的組織協調能力有多強，你也阻止不了這種事情的發生。但藉由自由選擇小組，你可以擁有一個具有合作能力的團隊。透過自由選擇，各個小組成員能夠和睦相處，團隊也會更好管理。如果每個人都想獲得成功，他們就會去選擇能使自己成功的小組。然後，他們需要在小組中選出一個組織者、懂得遊戲法則的人，或是具備其他成功條件者。如果讓小組成員自己選擇，而他們也渴望獲得成功，那麼他們通常不會選擇和最要好的朋友一起工作。相信我，他們每次選擇加入的都是高效率、高產值的團隊，並且會因此而開心。

法則 66

成為無所不能的普通人

沒有人不需要他人的幫忙。

當你進入領導統御的位置時，你會想贏得他人的敬仰與尊重，而這將誘使你去掌控更多的事情。不管你的性格多麼好，待人有多和善，但你依然希望能保有控制權，好讓你能掌握全局。

這有點嚇人，是吧？圍繞在神祇身邊是如此令人心生敬畏。如果你是一位名聲顯赫的經理人、名師、父親或專家，那麼他人在與你相處時便難以放鬆。更重要的是，他人認爲你是全能的，任何情況都可以應對自如，根本不需要別人的說明與協助。

前幾天我就遇到這樣一個人。她非常清楚知道自己在做什麼、爲什麼這樣做、需要什麼，以及如何獲取幫助。她完全掌控著工作裡的專案，傳遞給團隊成員的只有絕對服從和落實執行。實在太可怕了，我對她沒有一絲好感。如果她說需要我的幫忙，打死我都不會相信。因爲她不需要任何人。

但事實上，每個人都**確實**會有需要他人援助的時候，如果沒有他人的幫忙，許多計畫便無法成功，許多爭論便不會贏得勝利，許多工作也不會順利完成。因此，不要表現出不需要任何人、也不需要任何東西的樣子，這麼做對你毫無益處！

與此同時，你不能走向另一個極端——凡事都要尋求他人的幫忙。這會使別人對你的信任大打折扣。人們喜歡表現出完全可以應對自如的樣子，這在某些事上是對的。如果你過於尋求別人的幫助，或者表現出自己無法應對，這不僅無法幫助你建立自信，還會導致他人質疑你的能力。如果你是帶領團隊的角色，那麼最重要的是，你得讓員工知道你會照顧他們，你是個值得信賴且知道自己在做什麼的主管。

總之，你要掌握這兩者之間的平衡。既不能優柔寡斷，讓人感覺你無法應對；也不能把自己塑造成一個從不犯錯、毫無瑕疵、一切盡在掌控之中的「完美」領導者。無論你是老闆、媽媽、爸爸、社區中的核心人物，抑或是任何其他人，都適用於這一條法則。多向你周圍的人學習吧。那些優秀的人既能贏得他人的信賴與尊重，也能讓別人感受到他們的平易近人。

請展現你人性的一面，偶爾開開自己的玩笑。如果你是一位領導者，請三不五時跟下屬分享你的家人，或在辦公桌上擺一張孩子的照片。偶爾向他人尋求一些不是太重要或要求太高的協助，好讓別人知道你不是萬能的，你也是需要得到對方的幫忙才能讓事情順利進行。不要試圖成爲神祇，而是努力做一個無所不能的普通人。

法則67

懂得分享

你要讓人們參與，以便激勵他們。

我有一個一起長大的朋友，他母親只在萬不得已的情況下，才會告訴我朋友某件事爲什麼要這樣做。這位母親認爲，爲人父母者應該控制孩子認知的基礎。從其他許多方面來說，她是一個好母親，非常有耐心、風趣、充滿愛心，但令我朋友崩潰的是，他的母親總是在最後一刻才告訴他眞相，或是背著他計畫些事情。隨著我朋友漸漸長大，他的母親會請他做一些家務。每當他產生疑問並詢問母親爲什麼要這樣做（比如「我們爲什麼要把桌子搬出廚房？」、「爲什麼非得在晚上要我去買雞蛋？」等），但他的母親總是不予理會。她總是用「不知道的事就不會傷害到你」或「好奇殺死一隻貓」之類的話敷衍他。

隨著時間的流逝，我朋友從未眞正感覺到自己是家中的一分子。一方面，他認爲這實在太令人錯愕；另一方面，他感覺自己被排擠在外。更重要的是，他最後還是會發現事情的眞相，通常他都可以提出更好的解決方式，像是爲何廚房的桌子被搬走，但可惜的是，當他搞清楚的時候爲時已晚。

是的，你想的沒錯，人們都想要有參與和融入團體的感覺。當他們明白自己應該多努力來達成目標時，他們在工作上的表現就會更好，如果他們不知道自己要做什麼，就沒辦法幫助你做到改善。當他們完全不知道你的立場時，你怎麼指望他們能認同你呢？

我相信，你不會像我朋友的母親那般，對所有事都守口如瓶。她的做法在某些程度上得歸咎於她出生的年代。在那個年代，當孩子還小的時候，父母們做決定通常不太會徵求孩子的意見，然而隨著孩子長大，父母們忘記停止這個行爲。你不會對朋友、同事、家人或其他人做出類似的事情，但是在某種程度上，這是一個人們容易陷入的通病。或許你認爲自己做這件事會快一些，或者你覺得沒必要告訴每個人，又或者你認爲孩子不知道原委的話，就不會干涉或拒絕。

請記住，如果你不分享，別人就無法感受到融入。退一步來講，即便他們的確不需要知道原委，但他們仍然需要融入團隊之中，這意味著，你應該跟他們說明。

除了說明原委，只要你們在同一個團隊，爲同一個目標而努力，你們還是可以分享很多東西，比如學識、控制權、影響力、信譽等等。分享可能會有風險，但不分享的風險更大。

無論是舉辦家庭聚會，還是管理強大的銷售團隊，或是規劃區域性活動，你都要讓人們參與，以便激勵他們。他們也想和你一起分享勝利的喜悅，也想知道他們在團隊中所扮演的角色，想知道如果他們努力的話是否能共享榮譽，想知道他們是否能有一番作爲。這些目標能否實現的前提，都在於你竭盡所能地與他們分享。這樣，他們會透過努力工作、表現善意和承諾來回報你。

法則68

學會感謝

他們清楚自己的付出，但如果你不說，他們就不知道你為何而感謝。

我們都希望得到他人的賞識。這聽起來有些陳詞濫調，但事實的確如此。除此之外，人們還會感激他人的欣賞，只要你眞誠地向他人道謝，下一次對方會更有意願幫助你。畢竟，每個人都希望自己的努力獲得他人的認可、付出得到重視。因此，感謝他人的賞識是一件雙贏的事情，因爲你從對方身上得到了你想要的認可，對方也因爲你的感謝而感到快樂。

「感謝」是一門藝術。幾乎所有的感謝都比沒說出口來得好，但在感謝他人的方式中，有許多細微的不同之處。因此，如何選擇好的致謝方式便是一項眞本事。

首先，你要確保致謝的比例。只要仔細一想，這並不是太難懂的道理；但若是你稍有不慎，的確是容易犯下錯誤。你也不想過度感謝別人，或是在不合時宜的時候致謝吧？因對方的一個舉手之勞而歌功頌德，這容易使對方感到尷尬；反之亦然，像是對方為了幫助你而付出龐大的心血，你的感謝卻僅僅是在告別時輕描淡寫地說一句：「哦……順道一提，那件事謝謝你了。」

在你對別人說「謝謝」之前，請先仔細想想他為你做了什麼？我的意思是，你沒必要因為別人替你泡了一杯茶，就耗費大量時間構思該如何表達感謝之情。但是，當別人為你的計畫付出了努力、為你的婚禮東奔西跑、傾聽你多日來的抱怨，或花費大半天的時間幫你收集資料，你就要認真且仔細思考該如何表達你的感謝。

一句真誠感謝的核心關鍵是：讓對方確切地明白你在感謝他們什麼。是他們對你的無限耐心？日以繼夜的辛勞付出？他們專注在細節上的用心？他們的友善相待？還是他們臨危不亂的毅力？你要清楚地告訴他們，永遠不要認為他們知道你的心意。他們當然清楚自己為你做了些什麼，但是除非你說出來，不然他們不知道你為何而感激。把你的感激說出來或寫出來都可以，總之一定要表達出來。

從現在開始，好好想一想該如何對他人表示感謝。這不僅代表對方做了什麼，更重要的是，他們在你心中的位置。致謝的方式有很多，有些人喜歡私下致謝；有些人可能喜歡一份精心挑選的禮物；有些人可能喜歡用心撰寫的卡片；有些人則希望在公開場合上得到讚賞。不要隨意挑選一瓶酒送給愛喝酒的人；或是給有花粉症的人送上一束百合花；又或是爲討厭驚喜的朋友舉辦驚喜派對。

一個意外的感謝好過於平淡隨口的一句話。一張小紙條、一份小禮物、或是一通特別撥打的電話來表現感謝，都會比標準制式的感謝來得更有價值，像是在學校音樂會結束時感謝指揮者。我希望你明白一點，如果你眞心感謝別人爲你付出的，而且希望別人感受到你的誠意，那麼你就需要認眞思考、精心準備。既然一定要做，爲何不多花些心思把它做好呢？如何做呢？你的感謝越具體、越個性化，這樣對方便能明白你是眞心感謝他們的付出。

法則69

進入他人的內心

你必須深入人們的內心瞭解驅動他們的動力。

對每個人來說，「欣賞」很重要，它可以讓人產生被人認同的感覺。但還有什麼能激勵他人呢？還有什麼能鼓勵他們一次又一次地盡自己最大的努力呢？是什麼讓同事願意在你休假時幫你完成工作？是什麼讓你的朋友願意幫你照顧孩子？是什麼讓你的叔叔爲了你的自由工作者之路，手把手教你基本金流控管？又是什麼讓圖書館員將你喜歡的書籍預先留在櫃檯下？

進入人們的內心，並且瞭解驅使他們的動力是什麼。每個人的動力不盡相同，這既棘手又有趣。不瞞你說，我樂於研究如何使一個人感覺良好。我曾經有一位同事，她在會議上的表現經常讓很多人感到困擾。後來我發現，她只要感受到對方足夠的重視，便會變得相當隨和。尋求認同對她來說至關重要。對於這一類人，你只要告訴她，她的付出對這件事十分關鍵，或者她的付出足以徹底扭轉整個局面。只要讓她感覺到自己在這件事情扮演非常重要的角色，她便樂於幫忙。

我知道人們的動力來源是金錢，但這些人數遠比你想像中還要來得少。有些人想要的是身分認同，他們會爲了獲得理想中的職位而付出所有。又或者有些人想要的是滿意的工作。這些動力之中的核心是「認同」，它與欣賞有關，卻又不盡相同；他們想向你（或者自己）證明，而且通常其他人也會注意到這點。

相當多的人希望自己足以承擔重任，在適當的時候，他們可能想要得到與任務相關的金錢和地位，但這些都不是重點。比起那些事物，他們真正想要的是**被信任的感覺**。他們想向你（甚至是對自己）證明，他們可以負責比以前更多的工作。

大多數人都有一種以上的動力，只是強弱不同而已。當中有一種動力與責任有關，但又不可混爲一談，就是「挑戰」。有些人，如果你不給他機會去嘗試新鮮、另類的事物，承擔更重要、難度更大的角色，他很快就會厭煩。如果你想讓他的想法與你保持一致，就要讓他先發現其中的好處。

我想到多年來自己在工作場合、朋友聚會、家族成員和熟人中遇到的一些人，他們主要的動力是「自由」。他們的目標就是用自己的方式，一個人抵達目的地（仔細想想，我也算其中一個）。無論是獨自工作還是經營團隊，對他們而言，自制是至關重要的，只要給他們足夠的空間，他們便能與你合作很久。這種人對自己要達成的目標都非常清晰。

正如你所見到的，一旦你確認了每個人的動力，你便可輕易地激發他們積極的一面。只要你用心去發掘，就會獲得事半功倍的效果。

法則70

有建設性的意見

如果你也無能為力，請不要妄加評論。

當你在糾正別人的同時又想贏得他們的認同，向來不是件容易的事。這也意味著，如果你不想失去對方的善意，在給予意見時必須謹慎小心。第一步，你必須先確保自己是否眞的需要這麼做。我們都知道大多數的人喜歡批評糾正別人，倒不是因爲他們身邊的人工作表現太差，而是因爲他們故意挑三揀四、所有事情都得經過他們的批准、只容許自己的做事方式等等。作爲一名遵守人際關係法則的玩家，你肯定不會這麼做。

在給予評論前，你得考慮周全。當然，有些時候直接給出建議不失爲一種好方法，因爲你的建議會讓對方做出更好的選擇，甚至使對方從中受益，但有些時候你最好保持沉默，即便你的建議非常棒，但不合時宜地說出建議，對方不但不會領情，反而會適得其反。例如，你不會對著再五分鐘就要上場的演員給予表演需要改進的建議。也許你可以在隔天，或在下一場演出之前，找個對方也有空的時間說出你的想法，好讓對方有時間吸收你的建議並加以改進。

這讓我想到了另一點：對於他人無法改變的事情給予評論，是件徒勞無功的事。甚至還可能出現反效果。因此，不要告訴你的演員朋友，他飾演的角色對他來說太老了，又或是不要跟某個今晚要上臺演講的朋友說，他的講稿得重新寫過，或許一個月之前提出這個建議才是好時機，但在即將上臺的時刻，給予這樣的建議完全無濟於事。請切記，如果是對方無能爲力的事情，請不要發表評論與意見。

如果你認爲，給予某人建議將會使事情有所改變或達到成效，而眼前就是個最好的時機，那麼你就要思考：如何給出對方容易接受且有效的建議。反之，你可能會失去對方的支持，甚至他們不會將你的建議付諸實踐。在這種情況下，你也一無所獲，而且結果比開口建議前還糟。

在任何負面評論前加上一個積極建議作爲開頭，並在結尾時加上一個積極的評論，這便是一個很好的給予建議的方式。比如你可以這麼說：「我覺得你的基礎商業模式非常棒，但你可以把財務做得更具體詳細，尤其是現金流預測方面。」然後用一個積極的評論結尾：「你的客戶資料掌握得非常好。」你給予的建議需要越具體越好，否則就沒有什麼參考價值，你得告訴對方需增添哪些具體的事物及其原因。

即便我們都希望把自己的工作、事業、業績做到最好，但我們都不想被批評。因此，給予他人建議的最好方式是：把好的方面都歸功於對方，像是「你做得很好，你很擅長做這件事」，並將不好的歸咎於客觀因素，像是與其說「你的話可以說得大聲點」，不如說「後面的人可能聽不太清楚」；又或是說「報告呈現方式實在太爛」，不如說「你可以多花些時間研究報告格式，最好是用同個一字體來完成它」。你得先讓對方知道你對他的認可，再提供有價值的建議，而不是讓對方感覺到自己只是遭受了羞辱。

法則71

求同存異

既想表達相反的觀點又想避免爭論是不可能的事。

過去的我時常和母親發生爭執，即使我不是有意要這樣做，但她總會跟我抱怨一些事情，而我總是提出一些不同的意見。例如，她會因爲在郵局排隊一小時而生氣，我覺得有可能是排在她前面的是有需要幫助的老年人。我認爲我們只是在閒聊，但她總是跟我爭論不休（像是郵局應該雇請更多員工、應該要增設快速服務櫃臺、她去郵局的時段本來就不會有這麼多的人潮、排在她前面的都是年輕人等等）。不知不覺中，爭論就變成了爭吵。我都不知道爭吵是從何開始，這並非我所願。每當這種時候，我都不知該如何收尾。

當然，我的媽媽不是唯一與我有過類似爭吵的人，我應該在每次爭吵開始之前就打住。我試圖提出相反的觀點，對我來說似乎是公平公正，但從我母親的角度來看，我所提出的聽起來就是在批判她的觀點。因此，每當我這麼做的時候，她對我提出異議就不足爲奇了。

終於，我明白了一點，想在不引起爭論的情況下表達出相反的觀點，幾乎是一件不可能的事情。其實我只要附和：「在郵局等上十五分鐘的確挺無聊的。」事實上，也的確是挺無聊的。郵局排隊這件事，我完全可以不加評論。但是當我眞的不認同她的觀點時，該怎麼辦呢？例如，她可能會跟我抱怨鄰居對她做出不好的事情，但坦白說，我認爲對方完全合情合理[17]，此時該怎麼辦呢？我不會說謊，如果我認爲鄰居沒錯，我當然不能說人家有錯。

這就是我面臨到的難題——如何避免漫無目的的爭吵，同時不會成爲一名僞君子呢？我無法批判無辜的鄰居，然而說出任何我認爲的觀點又會引發爭執。我該如何抉擇呢？

17 我不想影射我的母親除了抱怨和發牢騷外什麼都不做。事實上，她有時是個挺有趣的人，有時候啦。

我來揭曉答案。這時我們先回到前面談到「傾聽對方感受」的法則（法則三十五）。當我的母親要我對鄰居的行爲表達意見時，我根本無須評論鄰居，我只需要對母親的情緒給予反應就可以：「是的，這的確挺讓妳生氣的。」作爲我的母親，她顯然會因爲這種事生氣，然而當我這麼回答時，表示我誠實且同意她的情緒，並且避免爭執。這麼做也不會讓**我**生氣，因爲我們所談論的，並非我的觀點。

現在我經常使用這種方法，每當有人因一些事情感到沮喪，而我又不認同他們的觀點時，我就會用這樣的方式來避免分歧。有趣的是，每次我使用這種方法時，我的母親或其他人都不會問我是怎麼看這件事。在這種情況下，人們往往會沉浸在自己的情緒中，我的做法絲毫沒有引起他們的注意，他們甚至以爲我同意他們的觀點。這樣的處理方式讓我感到舒適，甚至能避免與他們發生衝突。

法則72

創造雙贏

爭強好勝是人之常情。

要讓他人支持你，有很大一部分得仰賴「談判」。不論是商定買賣合作、與兄弟姊妹商討扶養年邁父母、跟老闆商討加薪、與孩子討論他該上床睡覺的時間，以及和朋友聚餐後分擔帳單等等，你都需要瞭解對方的感受，以及他們想與你合作的原因。好在幾乎每個人在談判時都有著相同的衡量標準。

爭強好勝是人之常情。讓他們脫穎而出，他們便會樂於答應任何要求。但你會發現，這種方法是有缺點的。如果他們贏了，你是否得離開？這也是最有趣的地方。如果你的方法得當，那麼你也可能是贏家。因此，「雙贏」是進行任何談判後的目的；事實上，這也是唯一可行的方法。

試想一個最簡單的交易，假如有個銷售員向客戶推銷商品，在一般情況下，大多數的人都不會乖乖聽從賣家開出的售價，而是在價格上討價還價。這就是最基本的談判。我敢肯定，你也曾遇過類似的情況，最後的結果都會是買賣雙方折中彼此的價格再成交。那麼，在這場交易中誰是贏家呢？當然你贏了，因爲你以自認爲物超所值的價格，買到了想要買的東西，如果不是，你肯定是直接離開。等等，其實賣家不必接受你開出的價格，他們可以拒絕把東西賣給你。因此，如果賣方同意這筆交易，那麼他們一定也覺得自己是贏家。

這就是我們都想得到的結果，如你所知，這就叫做「雙贏」。雙贏並不侷限於商業和金錢交易上，它的應用非常廣泛，像是跟家人、朋友、同事、子女、鄰居等，任何一種達成彼此共識都涵括在內。

讓我們回到孩子的就寢時間。身爲父母，你當然可以直接了當地告訴孩子們，晚上八點前必須睡覺，而且你不想聽到任何理由。隨著孩子逐漸長大，你可能會希望讓孩子擁有一些自主權，允許他們晚一點再上床睡覺，但又不希望他們毫無約束地想睡才睡。對孩子而言，學習調整自己的作息是件好事。因此，當他們感覺自己在決定就寢時間上輸給了你，相信你也不會希望他們爲了這件事演變成鬧脾氣或叛逆的樣子。

其實孩子想要的不是凌晨兩點睡覺，他們只是想要有限的決定權，就跟你年輕時差不多。這意味著，在雙方都覺得自己擁有了某些東西的情況下，確實有可能達成協議，而這才是你的目標。

接下來的幾條法則將幫助你與人談判，如此你就可以讓所有的交易都變成雙贏。即便是你與孩子溝通的時候，也是在談判。瞭解他們想要的，以及他們是如何思考的，這能使彼此之間更加容易合作，而不是相互抗衡。

法則73

學會變通

找出哪些狀態下「對方」會滿意，哪些狀態下「你」會滿意。

我在上一條法則中提到，討價還價是最簡單的談判方式，那是因為唯一需要討論的只有價格。你可能會說，這根本算不上是談判，因為唯一的變動因素就是價格。而一場進行順利的談判，需要的是更多的變動因素。

在商業交易中，你可能不僅要和對方在價格上達成一致，更要在品質、交貨時間、完成進度、售後服務、保固維修等多個面向達成共識，在這之中的任何一個要素，都可以調整到讓每個人滿意為止。例如，你也許願意降低價格來出售商品，前題是你要有更長的交貨時間，或者由買方負責包裝。

如果你可以找到合適的變因，你就能在任何交易中讓所有人都相對滿意。你還可以引用對方意想不到的變數，例如：「如果我們聘用一名聯合董事來減輕你的工作壓力，你能再擔任一年的董事會主席嗎？」或者：「如果我們把每月例會改在週三，來配合你的工作時間呢？」

就連孩子睡覺的時間，你也可以根據需求採用變數。如果孩子不認可你的第一個變數，他們可以選擇第二個。但更有可能發生的是，他們遲早會掌握竅門，並且開始提出自己的版本。因此，你可以讓孩子在週末時晚點上床睡覺，或是當孩子能按時完成作業、平時沒多花時間打電動、好好整理自己的房間、幫忙做家事等，來爭取晚睡的機會。以上都是你可以採用的變數。如果他寧可按時上床睡覺也不願意整理房間，那也沒問題！即便如此他們也很高興，因爲他們有了談判的權利。

變數是交易能否成功的關鍵，因爲採用變數能創造出雙贏的機會。藉由不斷調整變數，你的對手會感覺到自己在很多狀態下占據了上風，而你也會在諸多狀態中獲得滿意的結果。現在，你需要做的是找出哪些狀態下**對方**會滿意，哪些狀態下**你**會滿意，藉由不斷調整找到雙方都滿意的狀態。比如你的孩子可能會因爲可以晚睡半小時而認爲自己贏了，而你之所以也贏了，是因爲他們現在吃完飯後都會幫忙洗碗。

你可以透過不斷調節變數，爲一個個談判帶來無限的可能性，進而替自己贏得更加充足的談判空間。所以，請發揮你的想像力大膽地採用變數吧，爲你和對手提供更多的選擇，畢竟你的對手不是那麼容易就會同意你的建議。

法則74

懂得取捨

慷慨雖重要，但它不應該是盲目的。

一旦你找到了所有的可變因素，最好就開始進行排列組合。這時候眞正的談判才正式開始。而且，你始終得牢記一個原則：**不付出不拿取**。這是一個不斷權衡的過程。如果你的對手想要得到更優惠的價格，那麼你就得要求他給出更長的交貨期、要求對方提前付款，或者你只負責將貨物運送到他們的主要樞紐點，由對方負責分支機構的配運與運輸。

請記住，一定要在達成合約之前讓對方有占上風的感覺。要達成這個目標就需要先付出後回報。通常人們都不願意先給予。但是，唯有讓對方在談判中有意願和你打交道，才能吸引他繼續談判並最終達成交易。所以，如果對方同意提前付款，那麼你就可以提供快捷的交貨速度；如果對方願意降低標準，你也就可以降低價格。

「權利對等」才是貫穿整個談判過程中最重要的主題。給予固然重要，但一味給予只會讓人對你產生懷疑，這絕不是你想要的效果。你要讓對方知道，若想對你提出無理要求，那是絕對行不通的，讓所有人都看到你的不卑不亢；但只要對方公平以待，你一定會是一個令人愉悅、求眞務實、積極上進的合作夥伴。

因此，無論對方的要求是什麼，都不要輕易接受。要常把「好的，但是……」掛在嘴邊。如果你哥哥問你能否帶年邁的父親去看病時，不要只說「好」，而是要提出對方也須承擔起平時在家照顧父親的工作。如果同事因爲你位高權重，便請你替他們寫引薦信，你可以說「好」，但同時也得提出，下個月你休假時，他們得留意你正在執行的專案。

需要特別指出的是，不是所有談判都是正式的。比如你要召開重要的商務會議來討論一份新合約的條款，對此你能判斷出這就是談判，此時你應該開啓上面講到的談判模式。但對於孩子想調整自己的睡覺時間，或者你哥哥每次都要你陪同父親去醫院檢查等情況，你很難一眼就看出那是談判，但其實你已身在其中。

唯一例外的情況是，當你眞心願意無條件地付出時，便不在此限。這樣很好，我希望所有人都能在幫助別人時不求回報。我並不是說我們所有的付出都要得到回報。保持慷慨很重要，但它不應該是盲目的。你的鄰居年事已高，可能真的需要你的幫忙才能完成每週的例行採購，如果你的幫助不附帶任何條件，那就太棒了。但有可能沒有你的幫助，你的同事也能非常出色地完成自己分內的報告，所以你在給予時一定要做到有所平衡。

法則75

守住底線

如果你連成功是什麼都不知道，又談何成功。

我希望你在還不清楚自己的底線前，不要進行任何談判。你的底線可能是：價格降到某些水平之下、孩子在晚上九點之前必須上床睡覺，或是每週的兩個晚上要去兩次足球俱樂部等等。如果你連成功是什麼都不知道，又何談成功？

我認識一個小出版商，當一家大型連鎖超市想向她採購幾千本書時，她感到非常興奮。當他們開始談價格時，連鎖超市提出的價格遠遠低於她的預期，最終她拒絕了這筆生意。許多人都感到不可思議，但在我看來，她的做法非常正確。因為這筆生意可能會讓她破產。如果她不清楚自己的底線而盲目達成協議，那麼她可能會犯下難以彌補的錯誤。

知道自己的底線有時候很容易。只需要在談判前深思熟慮，並且能夠意識到各個因素應該如何組合（比如對方能夠提前付款，你便可以接受較低的價格）。另外，你的談判對手也有底線，所以你應該搞清楚他的底線是什麼。

如果你的條件超出了對方的底線，他們就會選擇離開。你當然不願意發生這種事情，所以，你要研究如何讓對方也能從這筆交易中獲利。因此，不要提出對方不可能同意的要求，或是一味要求對方降低價格，以致於對方認爲沒有必要繼續談判，又或是一再地要求對方提早交貨的期限。你會失去對方的善意，也會失去這筆交易。而且這些行爲還可能會讓對方產生敵意和怨恨，這同時會影響你日後的生意。

透過不斷地談判與溝通，才能越看清對方的底線在哪裡。然而，在通常情況下，最好且簡單的方法便是直接詢問對方：「你的底線是什麼？」當然，你也不能肯定對方會直截了當地回答你的問題（畢竟這是談判），但他們的回答仍是一條重要且有用的線索。如果你們之間建立了足夠的信任，或者時機夠成熟，你很可能會得到誠實的回答。例如你正試著和某人協議，未來他將委任你做財務主管，如果你問他需要多長時間，對方可能會給你一個眞正的答案。

除了要清楚對方的底線之外，有時候你還需要做出讓步——在一些對你來說是次要的事情上面——但對對方來說卻至關重要，像是付款條件等，即便條件有些古怪。

舉例來說，你可能無法理解為什麼有人能夠不惜一切，只為了換取一張與自己喜歡的足球明星的合照，或者允諾前往民情迥異的地方參觀工廠，甚至使出渾身解數來爭取在主管面前表現的機會，又或者夢寐以求一套蜘蛛人的睡衣。

法則76

攤開一切說清楚

有時候人很狡猾，尤其是當他們在面對還沒得到、也不確定能否到手的東西時。

現在，請想像你的所有變數都放在一套老式天秤上，並且不斷地被來回移動，直到所有的變數都達到平衡狀態。在這種平衡的狀態下，一個變數移動到了這邊，另一個變數就必須移動到另一邊以維持平衡。從某種意義上來說，這是每個人的「需求」和「欲望」不斷地平衡，直到人人都感到滿意的過程。有點像正義之秤。

一旦一切就緒，你們就可以達成協定並簽署合約，這個交易就完成了。但在完成這筆交易之前，你要確保所有的變數都靈活且可以調整。

在完成討論之前，如果你願意用某個特別的優惠價格，以換取延長的交貨時間，你就已經把這兩個變數牢牢固定在秤上。一旦對方提出更優惠的條件時，你不能再說：「好的，但是你得把價格……」，因爲你早已把「價格」這個變數固定下來。這種做法無非是作繭自縛，不是嗎？所以在把所有談判細節確定下來之前，請不要允諾任何事情。這時你可以這樣說：「這個價格是有可能的，不過我們先暫時放一邊，先來討論一下運輸的部分。」

還有一件事情需要注意，假設雙方已經簽署了合約，結果你的客戶突然說：「順道一提，我們希望把付款時間，從三十天延長到六十天。」或者你的孩子說：「我們已經準備好要去睡了，那我可以把手機帶進臥室嗎？我所有的朋友都被允許這麼做。」[18]

由於你與對方達成協定時，就是把變數定下來了。因此，你失去所有可以談判的籌碼，因爲你的手上已經沒有變數了。

有時候，人是很狡猾的，尤其是他們想要的東西尚未到手，而且不確定能否得到

18 我記得我還是個十幾歲的孩子時，一旦我想要什麼東西，我就會用「我所有的朋友都……」脅迫父母答應我的要求，而且每次都是用懇求與任性的語氣。

的時候。任何精明的談判者都知道，不能亮出所有的底牌。你現在已經不能要求他們再次讓步，因爲你已經同意他們的條件，因此你沒有可以用來討價還價的籌碼。要麼你同意他們的要求，比如延長付款時間，要麼就徹底輸掉整筆交易。儘管他們也很清楚這一點，但狡猾的他們可能會認爲，那是個完全獨立的要求。當然不是啊。他們只是不想把那些要求在談判中說清楚，因爲他們不想在這件事上做出任何的讓步。

如何預防這種狀況發生呢？在達成協議前，你要明確地詢問對方是否還有其他有待商榷、補充、修改和調整的內容。如果對方當時回答沒有，但事後又提出其他要求，你就可以直接回答：「不可以，我們都同意過合約中的內容，且都沒有異議；就目前而言，一切得遵照合約走。」只要你之前都說明清楚，對方也不會再爭論。而且對方會知道，一旦你徵求過他的意見，之後就再沒有談判的餘地了。

法則77

給對方臺階下

如果你想促成一筆交易，就必須照顧對方的感受。

當你在談判時，整個過程不只是在紙上進行，你更需要關注對方的心理運作，畢竟誰都不想在談判桌上敗陣下來，況且這種感覺也挺糟的。一個交易能夠順利進行，很多時候並非取決於交易**本身**的可行性，而是在於對方在談判過程中是否有良好的感受。如果你想促成一筆交易，並且與對方建立良好的合作關係，那麼你就需要照顧對方的感受。

這就是雙贏的強大之處。有些時候，對方需要被說服自己是占贏面的，或是讓對方感覺自己在某方面占到便宜，這些要素跟贏得整場談判一樣重要。你需要學會察言觀色，盡可能確保他們在某些方面的利益不受到損害。否則，他們可能會傾向放棄這筆交易，因爲他們被別人看到自己難堪的樣子，又或是盡可能地刁難你。

在前面的幾條法則裡，我們談到如何確保你知道他人想要什麼，而本條法則其實就是對這件事進一步詮釋。當然，如果條件允許，你可以在某些方面做出讓步，以換取對方在你所在乎的部分做出退讓。但是有些時候，這麼做也是行不通的。

假設你的孩子想要在晚上九點半再上床睡覺，因爲她的朋友們都是這個時間睡覺[19]，但你堅決不能超過九點。事實上，孩子介意的並不是睡覺時間太早，她介意的是自己必須告訴朋友，她得比他們更早上床睡覺（我不知道孩子爲何如此相信朋友們的話，我猜也許是她願意相信吧）。在這種情況下，如果你想讓她九點之前上床睡覺，你就得給她一些她樂於跟朋友分享的事。你可以給她一個「但書」，好讓她可以告訴她的朋友們：「我必須九點睡覺，**不過**週末我可以十點半再上床。」或者，你也可以用和睡覺無關的事來與孩子談判，比如「在九點前睡覺，妳**就可以**改造妳的臥室」，或者「在九點前睡覺，我**就給**妳更多的零用錢」，又或者「如果妳這週都能在九點之前睡覺，週末玩電動就可以多玩一會。」

19 顯然跟上個注解是同樣的案例。

生意場上的談判也是如此。如果對方事先答應主管能以更低的價格成交，而你清楚知道該價格是不可能的時候，你就不應該委曲求全地接受降價。而應該說：「我不能接受這個價格，**但是**我可以讓你延長付款期限。」如此一來，對方就可以拿著你的讓步向主管彙報，這樣他們也不會無法交代。當你給了他們另一個選擇時，他們就會覺得自己是成功，而不是失敗的。

法則78

無所畏懼

讓對方發現你的弱點而被抓住把柄不放，不如直接放棄交易。

懂得談判心理學是很重要的。尤其是交易的規模越大就越重要，因爲對方會越想使出渾身解數地從你這裡得到他想要的東西。也就是說，對方會密切尋找任何你所暴露出的弱點，比如合約上的漏洞、實際操作的失誤、財務或心理上的缺點。我需要說明的一點是，上面提到的「交易的規模越大就越重要」，是指對你的交易對手而言。畢竟這些對你來說，可能是司空見慣的交易，但是對你的交易對手而言，這可能關乎自家小型企業的未來。又或者以小孩睡覺時間來說，你可能對安排好的就寢時間感到滿意，但對你孩子來說可就不是這麼一回事。

相反地，有時一筆交易能否能達成，對你反倒特別重要。要知道，並不是每一個人都懂得雙贏的重要性。即使彼此有這個意識，他們也未必眞心在乎。假設你是一個小供應商，正與一家大型跨國公司進行合作談判。這個交易對你們雙方的重要性差異就非常大，你又如何指望對方會在乎你的感受？他們想要的是對他們有利的交易，但如果談判失敗，他們不過是轉頭尋找下一個合作對象，並不會因此痛哭流涕。在實力如此懸殊的交易中，你就不能指望對方與你一樣有著謀取雙贏的共識。

我們再以孩子就寢時間爲例好了。事實是，孩子不會在乎你的感受，她在乎的只有她是否**得到**了自己想要的。她知道無論自己的表現如何，你都會無條件地愛她。所以，即便你可以憑藉著家長的威嚴來落實家規，但她也可以讓你因此而感到挫敗：或許她會對你大吼大叫，也可能鬱鬱寡歡，甚至情緒勒索你。只要她是個正常的孩子，我敢保證，一旦她心裡明白你依然愛她，她就會用所有伎倆來對付你。因此，除非你意志極其堅定，否則你很快就會做出讓步。

在這類情況下，你們的談判可能會破裂。但對於談判破裂這件事，對方可能早有防備，而你可能會措手不及。

有一件事是你萬萬不能做的，就是讓對方看出你的擔心、害怕、焦慮、緊張等負面情緒。如果對方發現了你的弱點，你們的交易對你而言就沒有任何優勢。沒人能幫得了你。因爲他們可以對你提出任何要求，如果你不同意，他們可能會威脅離開，或是直接放棄一筆完全行不通的交易。

在一些情況下，你非常迫切地要達成交易，而且擔心交易失敗會造成一些不良的後果。誰都會遇到這樣的情況。你能做的就是保持鎮定和冷靜，恰當地表現出達成交易的渴望，並且做好不得已時必須離開的準備。雖然你很想達成這筆交易，但萬萬不能讓對方知道，否則這將成爲對方與你談判的籌碼。

法則79 別讓自己措手不及

你不需要當場答覆對方。

如果人人都能坦誠相處，那會是多麼美好的一件事啊！但有時候，大多數人（包括你我）都會因為太渴望得到某些東西，而將自己的利益擺在第一順位。這就是人性。甚至有時候為了得到某樣東西，人們可能會做出不道德的事情。

最不道德的經典方法之一：讓你在無意間做出決定。不擇手段的商人最常採用的手法，就是宣稱能以超值優惠的價格買到節慶出遊方案、汽車，甚至分時度假*；並且卻告訴你，這項優惠僅限於當下的幾個小時內。如果你想擁有最實惠的價格，就必

* 編注：Timeshare，指購買某個旅館或度假聖地的特定時期使用權。

須現場做決定。

大多數人不會直接這麼做，雖然他們也會製造壓力，讓你感到急迫性。上述的案例是一種經典的談判技巧，人們往往會不知不覺陷入這樣的詭計中，等到反應過來時就爲時已晚。

在此我們能夠理解到，談判時間越緊迫，便越容易陷入這種陷阱。這就像是當你在思考別的事情或是急忙出門時，你女兒可能會選在這個時機找你討論就寢時間，因爲她知道你沒有心思處理別的事情，很可能會不假思索地同意。

正因爲如此，人們往往不會把「其他業務」列入會議議程中，因爲別有用心的人會故意不提前告知，並在會議快接束時，猝不及防地提出一個有爭議的議題。由於會議已臨近尾聲，每個人都準備好要離開會議室了，因此多數人會傾向同意以避免長時間的爭論。最起碼這些別有用心的人是這麼希望的。

所以，請隨時警惕自己，不要掉入這樣的陷阱。一旦陷入，你可能不得不接受一些原本不接受的條件，而且你還會在不知不覺中，讓其他人發現你的弱點，並在將來用同樣的手法來對待你。

我需要提醒你的是，你不需要當場答覆對方，也不用直接拒絕。你可以告訴他們，現在不是討論這個問題的時機，或者說該議題值得充分討論，建議將其列入下一次會議的議程中，好讓每個人都有時間提前準備。

其實，這種對你提出問題並要求你當場回覆的人，往往會拿時間緊迫當幌子（尤其是當這件事對他們比對你更緊急的時候）。在這種情況下，我建議你試試我的一個好朋友常用的回答。這個回答對同事、朋友、家人甚至孩子都適用，尤其是用在孩子身上再合適不過了。如果有人問了我的朋友一個他當場無法回答的問題，或者要求他做一件當時沒時間處理的事情，他總是說：「如果你要我現在就必須回答，那答案就是『不』。」

Chapter 4 難以相處的人

Difficult People

在錯誤的情況下，任何人都可能是難以相處的人，差別在於出現此種表現的頻率多寡。不論他們是否經常盛氣凌人、情緒消極、喜歡抱怨、控制欲強。對他人來說，應對他們（更不用說與之合作）都是一項極大的挑戰。

慶幸的是，只要你學會如何適時調整你的言行舉止，你就可以應對複雜的人際關係；一旦你懂得如何克服他們所設下的障礙，並瞭解應對他們的技巧與策略，不論他們如何難相處，你都可以不費吹灰之力地輕鬆應對。

不僅如此，一旦你掌握了與這些令人棘手之人的相處技巧，他們之中的許多人就會視你爲盟友，因此也能越來越容易與他們建立起合作關係。這一章節將聊聊如何應對生活中那些「難相處」的人。

法則80

你能改變的只有自己

你的心情糟糕是你自己的事情。

有一種人故意刁難你並不是你做錯了什麼。你可能會發現，他們並不是一直難爲你，只是你偶爾會碰到這種情況。還有一種人，他們在大部分時候待人刻薄，而這些人可能是你無法逃避的人，像是你的主管、父親或是你的孩子。

在這一章，我們會講到各種難相處的人，你能做的只有盡可能地理解他們的思維，你也可以使用我的一些策略，來幫助你以更好的方式應對這些人。但你需要意識到——你不可能改變別人——正如我們在第十二條法則裡所談到的。如果你應對得當，你可以讓對方對你保有基本的和善，但在一些情急所迫的狀況下，他們仍舊會遵循自己原本的個性。例如，一個情緒勒索者可能倏然發現你不吃這套，那麼他便不會在你身上浪費時間，甚至不再以此打擾你；但你無法阻止他繼續情緒勒索他人，或者在背地裡繼續使用他的伎倆。

順道一說，本條法則甚至適用於你的孩子。這可能是他們的天性[20]，或甚至你已無法改變的相處方式。無論是哪一種，你可以告訴你的孩子，他們以情感綁架你是行不通的，到最後，他們唯一可以改變的是自己與他人相處的方式。

所以，從邏輯來解決這個問題就是：你只能改變一個人，那就是你自己。如果別人的行爲讓你感到厭煩、壓力大、沮喪甚至憤怒，需要改變的人是你自己，而不是對方。因爲這些負面情緒產生在你身上，而不是他們身上。

請別說我太嚴苛，因爲我沒有，我只是在陳述事實。不管你喜不喜歡，不論他人對你如何刻薄，如果你想有不同的感受，你就得靠自己來調整這些情緒。這並不是一件簡單的事情，不然你早就辦到了。但是，應對難相處的人首要步驟，便是調整好自己的情緒；如果對方的行爲影響了你的情緒，那麼你得及時覺察並做出調整。

你的下一個問題肯定是：我該如何調整自己的情緒。抱歉，我不能告訴你該如何

20 也許還有其他原因，但不要問我，我不是科學家。

做，因爲它是**你的**情緒，我無法改變。不過我有一些建議希望能幫助到你：請試著從以下方法裡的其中一個開始做起，然後將其變成適合你的方式。事實上，只要是對你有效的方法就是好方法（前提是不傷害別人）。

- 停止傾聽（不適合經常使用，但有時會奏效，最好能假裝出你仍然在聽）。
- 預估這些話會對你的情緒產生何種影響。
- 想想這些話對其他人來說會產生什麼樣的效果？我的意思是，你想不斷地陷在憤怒、消極、情緒失控之中嗎？
- 練習做出建設性的應答。如果你能夠掌控與他人的溝通互動，這會讓你感受好很多。

法則81

來自於失控的恐懼

他們被困住了，甚至不知道該怎麼前進。

坦白說，有些人的品性窮凶極惡。我的意思是，多數人在多數時候的表現都很不錯，但有些人總讓人搞不懂。他們總是鬱悶無禮、大半時間都在喝酒、從不聽別人說話，又或是完全不可靠。爲什麼會這樣呢？

我不能替我未曾見過的人發言，但根據我的經驗是，大多數表現出極端行爲的人，並沒有眞正地管理好自己。畢竟，如果他有選擇的話，是什麼讓他們選擇疏遠人群、冒犯他人、生性沮喪、令人厭惡，甚至是威懾別人呢？眞相是，那些行爲可能不完全取決於他們自己。

全人類的目標都是管理自己。如果你不這麼做，那就太恐怖了。但是，對於某些人而言，出於某些原因（無論是一直存在或僅在某些時候），他們做不到控制自己的言行。

那麼，爲什麼這些人不願自救呢？如果他們無法管理自己，誰又該來做這件事呢？好吧，罪魁禍首有很多，酒精、處方藥品、娛樂性藥物、賭博、強迫性購物等都足以令人成癮，甚至奪走人們的性命。

也許這些人是受到童年時期的際遇所驅使，也許他們曾做過不明智的選擇，也許他們有著精神健康方面的問題，也許他們什麼問題都沒有。但事實是，他們確實處在一個沉迷成癮的世界裡，這對他們而言是可怕有害的，他們被困住了，卻不知該如何逃脫。

除了成癮問題外，還有其他東西是會控制人的。像是雙極性障礙（俗稱躁鬱症）、強迫症等，會以他們無法控制的方式影響著他們的行爲。請試著想像一下對抗自閉症、妥瑞氏症、思覺失調症等精神疾病的人們，他們都不曾有過類似的經驗，更不瞭解爲什麼自己會變得跟大家不一樣。甚至在知道世人對精神疾病汙名化後，你還能向每個人解釋爲什麼你的表現異常嗎（如果你自己能意識到的話）？

因此，那些無法管理自己行爲的人，也許不是因爲他們個性粗魯或怪異，也許是他們感到害怕和失控（至少在他們生活中的某些方面），並拚命試圖應對不是他們自願造成的情況。

我沒有資格診斷任何人，但是我發現，當我遇到一個難相處的人時，思考一下他們的潛意識裡是否有個惡魔正在阻礙，是有助於我的同理心。我是否正確並不重要，重要的是他們能否**眞正**擁有自己。一旦我知道他們某些人罹患注意力缺陷過動症、亞斯伯格症、酒精中毒症，或任何成癮及疾病後，我發現自己比較能忍受他們的行爲，並且能友善的對待他們。如果我標記下這些發現，那將是我僅能爲他們做的事。然而，如果我判斷錯誤，他們只是討厭工作，那也無妨，畢竟我已釋出善意使交流更加順暢，甚至我也變得很有品德。

法則 82

自卑的人會從別處壯大自己

幸福、自信、能自我肯定的人，都不會欺負別人。

幾乎所有霸凌者都會貶低他人，並且竭盡全力地使別人成爲受害者。爲什麼他要這麼做呢？因爲受害者會服從於侵略者。換言之，侵略者也是一名統治者，他們越強大，控制力就越強。這正是霸凌者想要的。爲什麼他會想擁有這種感覺？因爲他們打從內心深處感受到自己的無能爲力，也許有其他人正在支配著他們，也許他們的生活失控了，也許他們被自己的祕密嚇到了。

他們不僅能透過欺負別人來突顯自己的強大，還能從周圍的追隨者身上贏得（或者自認爲獲得）尊敬與欽佩。而他的追隨者之所以表現出尊敬和欽佩，單純是因爲不想遭到欺負。

人是很複雜的動物。沒有任何理由能解釋霸凌的發生，你能做的僅有同理霸凌者背後的原因，而不是採取縱容或同流合汙的方式。倘若你是受害者（或是你所深愛的人遭受霸凌），縱容或追隨霸凌者更是無法解決問題，但如果你瞭解霸凌背後的成因，通常對事情會有所幫助，甚至當你再次面對霸凌者的種種行爲時，你看見的是他們內心的卑微弱小、無能爲力等，而漸漸不再感到害怕。

當然，你理解對方，並不代表對方就不會再欺負你，也不是意味著所有問題都煙消雲散，更不代表所有問題都迎刃而解。但是，當你理解到霸凌的過程並沒有讓霸凌者感到高興，那只不過是他們表現不滿的一種徵兆，那麼事情將變得不再如此難以忍受了。

這些年我見識過不少霸凌者，但沒有一個會因爲欺負別人而感到快樂。我所認知的眞正快樂、幸福、自信、能夠自我肯定的人，都不會去欺負別人。他們也沒有必要這麼做，因爲他們不需要藉由這種方式來證明自己。

有時，瞭解霸凌者是能解決問題的。當然，受害者是很難辦到這一點，但也並非完全不可能。像是優秀的學校在這方面的成功率便很高，甚至是優秀的管理者或是父母親等，都能解決團隊或家庭中類似的狀況。關鍵是傾聽霸凌者的聲音，找出讓他們感到無能爲力的原因，並且幫忙解決。幫助一個行爲惡劣的人似乎有違常理，但如果這麼做能讓所有人都受益，就有其意義。此外，通常霸凌者確實是需要幫助的，我們不能因爲憤怒而蒙蔽雙眼，也不要因爲他們選擇錯誤的自助方式而蒙受其害。畢竟沒有人眞心認爲：「我嘗試欺負他人，因爲這能讓我感覺更好。」他們從未想過自己是出於直覺做出霸凌行爲，而且大多數的霸凌者都不瞭解自己。他們認爲自己無能爲力且受到傷害，才會下意識的做出欺負人的舉動。

法則83

怒吼是渴望他人聆聽

每當有人拉高嗓門對著你說話時，說明了他認為你沒有認真在聽。

在情緒管理方面，你屬於哪種類型？是幾乎從不發怒的人，還是每週總會發洩幾次的人。無論你是哪種，請思考一個問題：是什麼讓你對別人怒吼呢？或者我換個說法：為什麼你的直覺告訴你，輕聲細語不能獲得到你想要的結果呢？

我敢肯定，你心裡的回答一定是，當別人聽不到你說話的時候，你必須要透過大聲嘶吼才能讓別人聽到。我的意思是，當他們沒有認眞聽你說話時，你會藉由提高音量來強迫他們不得不聽。我無意評判你的做法是否正確得當（畢竟有的時候我也會怒吼，儘管事後我都會後悔）。

現在，換位思考一下，想像有一個人正對著你怒吼。誰都不願意被別人大聲喝斥，每當有人對著我大吼時，我通常都會想辦法儘快阻止他的行爲。實際上，解決的唯一方法就是「聆聽」，讓對方注意到我在傾聽。因爲這正是怒吼的人想要的，所以阻止他們繼續吼叫的方法就是給予他們想要的。

想像一下，你拿著一件破損商品回到剛購買了它的店家。店員不明白你想幹什麼，也沒有和你確認是替你送修還是更換新商品，店員正做著無關緊要的事情，像是回覆庫存，一付顯然沒在聽的樣子。這時候你想對著他怒吼嗎？恐怕是的。[21]

請再重複一下剛才的想像畫面，只是這次店員認眞聆聽你的描述，並且問了一些相關的問題。這次你還想對他怒吼嗎？不，當然不會，因爲你已經不需要了，他已經清楚地傾聽你的聲音，你不必怒吼就能得到你想要的結果。

會怒吼的人，往往是覺得自己沒有被人好好傾聽而感到沮喪的人。這是一個很好的經驗法則，每當有人拉高嗓門對你說話時，就說明了他認爲你沒有認眞在聽。如果事實的確是如此，這就提醒了你，你需要仔細傾聽對方的意見。如果你有在認眞聽，

21 雖然選擇閱讀本書的你已變得更好，但有時你仍無法抗拒誘惑。

而對方沒有發現，這就提醒了你，你需要用行動證明自己在傾聽。你不需要打斷他們，只要重複他們說的重點，並且透過點頭等肢體語言傳遞給對方，讓他們知道：你聆聽了他們傾訴的內容，並且理解他們的感受。

那些經常打斷別人說話的人、急於下結論的人、固執己見的人，往往善於讓別人看到自己在認真傾聽，而真正優秀的傾聽者更容易遭人大聲說話，這是理所當然的事情。

法則 84

消極的人並非一無是處

對於你預測到可能會發生的風險，你需要有人能證明，並幫助你防患於未然。

我之前一直覺得個性消極的人令人厭煩。我認爲自己不是個消極的人，與那些總是找理由不去行動的人相比，我更像是個努力向前衝的傻瓜。在我的印象裡，消極的人是悲觀、沮喪、充滿負能量且極具破壞性。我一直不懂他們生活的意義在哪裡。

直到後來，我在一家專門製造並行銷新產品的公司上班，才改變了我的想法。當時我們需要源源不斷的好想法，如果我們的產品迎合了大眾口味，就能讓公司獲利；一旦我們的產品不被大眾接受，這不僅會導致公司產生巨大損失，也會錯失研發更好產品的時間與資源。

在我們的創意團隊裡有一名主管，對任何想法都抱持消極態度。工作之外的他，其實是一個很可愛的傢伙，對生活有著超乎意料的積極度。但每次面對一個新創意時，他總會說：「這個想法不行，因爲……。」他幾乎可以對所有的新想法提出異議，這讓我十分生氣，直到後來我開始注意到一些現象。

每次我們無視他的異議而堅持執行時，最終產品的銷量都差強人意；相反地，每次我們爲了達到他的要求而進行有效調整時，往往能研發出眞正成功且熱賣的產品。雖說我覺得這名主管特別消極，但他對我們的工作的確有很大的幫助。當我們在面對所有新想法都充滿熱情的時候，他總是能理性地給出合理建議。這意味著，在我們的想法付諸實踐之前，就已經歷過很好的磨練和檢驗。

雖然我仍然覺得消極態度有時滿令人討厭的，但我同時也明白，那是組成任何專案中的一部分，不論是從產品開發到購置房產、爲假期打包行李、接觸新業務、規劃庭院，還是更換工作時，你都需要有一個幫忙發現問題並提出建議的角色，雖然他們個性消極，卻往往能給你許多眞正實用的建議。

除此之外，一個中肯的建議也需要盡可能的具體化。有些消極的人往往只會說「我敢打賭這樣肯定不行」，或是「你是在浪費時間」之類的話，而不告訴你行不通的原因。這樣的人對你沒有實質上的任何幫助，即便最後他是對的，**特別是**他們證明了自己是對的。我敢打賭，如果發生這種情況，他們會是第一個跑來和你說：「我早就告訴過你了。」實際上，他們沒有完全眞正告訴過你，沒有告訴過你失敗的原因，沒有告訴你應該採取哪些預防措施，又或是這項計畫中有哪個部分得再加強。

當你聽到消極的人所說的話時，請務必要詢問細節：「爲什麼行不通？」、「問題出在哪裡？」、「我應該如何改進？」如果他們拒絕告訴你原因或細節，那麼我認爲你完全可以忽略他們說的話[22]，甚至可以認定他們就是令人感到厭煩。但是，如果他們能說出細節，我建議你一定要認眞聆聽。即便他們錯了，但他們用懷疑眼光思考問題的方式，可以用來證明你最終找出的正確答案。

22 我希望你意識到對方說的話是毫無參考價值的。

法則85

控制狂永遠認為自己是對的

唯一能改變控制狂的人只有他自己。

控制狂大略分爲兩種。第一種的控制狂，他總是在規劃、列清單，而且家中的牛奶從來不曾斷貨，又或是度假時從不會忘記帶相機。這種控制狂偶爾會有點讓人討厭，像是當你們共同籌備某件事情時，他會希望你早早交出計畫，即便你根本還沒開始思考。總結來說，這類型的控制狂還算善良，他們的控制欲只針對自己。

另一種控制狂呢，他們總想以某種方式控制你的生活。他們總是告訴你，他們無所不知、期望你按照他們的要求做事，或者順應他們的做法。這些都是難以做到的。一旦你不願意配合他們，他們就會變得很難相處，甚至會用欺負或情緒勒索等手段來達到他們的目的。

是什麼原因讓這些人需要控制你呢？一般來說，控制狂都是在試圖彌補自己生活上的失控，可能是他們現在正在經歷的，也可以追溯到他們過往經歷中感受到的無能爲力。無論是哪種，他們都試圖藉由掌控一切來彌補自己的控制權。你可能也在他試圖掌控的範圍之內，因爲只有如此他們才能獲得安全感。他們不相信任何人，只相信自己（這可能要歸咎於他們過往的痛苦經歷），以確保每一件事都能按照他們認爲的方式進行。從某種程度上來說，他們可能值得你同情，但他們不會因此而感激你；甚至最後，你也無法解決他們的問題。

我不知道有多少人會承認自己是第二種類型的控制狂。在他們看來，他們是對的，你只需要認眞傾聽他們的話，他們這樣做完全是爲了你。有時候他們是眞心關心你，不忍心看你犯錯或陷入力不從心的困境，所以他們會盡最大努力保護你。當然，即便他們是對的，他們的行爲依然會讓你感覺到無能爲力，因爲他們剝奪了你應有的掌控權。但你千萬別寄望於他們會意識到這一點。

這種控制狂本能地被自尊心低落者吸引，因爲這些人更容易接受控制狂的權威。應對這種控制狂的關鍵，不用表現出強硬或具攻擊性的態度，更不需要表現得咄咄逼人或是防禦心很高的樣子，你只需要果決地拒絕他們的任何要求就可以了。你可以告訴他們，你很感激他們的建議，但你現在要自己做決定；或者謝謝對方，讓他們知道你會堅持自己的想法，因爲你認爲這兩種想法的效果是差不多的。

唯一能改變控制狂的人只有他自己，別妄想你能改變一個控制狂，那是不可能的事，這樣做只會讓你精疲力竭。最糟糕的情況是，如果你發現自己和一個控制狂在一起，你更需要學會自信從容。如果你確實感到掙扎，除非你的伴侶意識到自己的行爲具有強大破壞力、進而願意改進（即便他們眞心相信自己做的一切都是爲你好），否則你們的關係將難以維持。

法則86

當心情緒勒索的陷阱

情緒勒索者會要你對他們的情緒好壞負責。

你容易感到自責內疚嗎？或者總認爲自己應該做一些連自己也不想做的事情？如果是的話，你很容易成爲情緒勒索者的「獵物」。這些人特別難對付，因爲他們可以控制你的情緒，迫使你做出原本不想做的事情，讓你陷入兩難的困境。如果你做了，就違背了自己的本意；如果不做的話，又會產生自責。如果你屈服的話，從中唯一獲勝的贏家只有一個——情緒勒索你的人。

我認識一些性情可愛的朋友，他們很容易被人情緒勒索。這種情況使他們在工作時變得更加困難，因爲他們關心著情緒勒索者，甚至希望對方開心，然而情緒勒索者會利用這點來讓人屈服。善用情緒勒索的人的確需要眞正的幫助（不是指他們逼迫你做的事）。情緒勒索者沒有安全感、不安、強烈需要他人的愛與承諾，導致他們以此逼你證明。即便你的表現不如預期，但在他們的認知裡，這也好過完全沒有。

他們試圖控制你，以便從中得到他們想要的東西。這些人可能是你身邊的同事，試圖要你替他完成報告；也可能是你的伴侶，試圖透過自殺把你留在身邊。這些要求可大可小，有些要求或許你不費吹灰之力就可以辦到，也可能需要你花費大把時間和精力才能完成。

我認識幾個家長，他們將情緒勒索的伎倆用在孩子身上，像是「媽媽花了好多心血給你準備晚餐，你要是不吃完的話，媽媽會傷心」。如果你眞心希望孩子把飯菜吃完，你可以向他解釋爲什麼要多吃飯菜，或者告訴孩子如果不吃完將會受到懲罰；又或者是你可以少做一點，也可以不要逼他得全部吃光。這些做法都可行，唯一不可行的就是情緒勒索。有些父母在孩子成年後，仍保持這種說話方式，像是「你會來探望我，對吧？平時連通電話都沒有，感覺日子眞是寂寞難熬啊」。情緒勒索者試圖要**你**對**他們**的情緒負責。他們試圖藉由某種扭曲的交換形式來贏得你的同情、實現自己的目標。他們眞正想要得到的是你對他們的內疚和自責，又或最起碼的是你對他們的責任感。這些都是他們用來控制你的武器。

你應該明白，一旦他們成功一次，嘗到了情緒勒索的甜頭，他們就會變本加厲地運用它，也會更加放任自己的情緒。所以，只要你屈服一次，這雖然能滿足他們短時間內的需求，但長期來講，會延誤他們解決自身的問題。[23]

所以，你得鼓起勇氣說「不」。你可以溫柔客氣，但語氣一定要堅定，你甚至可以說：「你是在情緒勒索我嗎？」面對堅定拒絕，通常都會讓他們放棄作罷。如果在你的家庭裡有人經常情緒勒索你，你就得學會與他保持一定的距離。關鍵是，無論在多麼窘迫的情況下，無論對方對你施加多大的情感壓力，你一定要意識到自己遭到情緒勒索，而且能夠及時地設置自己的底線。絕對不要做出爲他人情緒好壞負責的承諾。只有你逼迫他們對自己的情緒負責，才能幫助他們好好地處理自己的情緒問題（你將不必爲此負責）。

23 不好意思，我沒在情緒勒索你的意思。

法則87 自卑產生多疑

如果他有足夠的自信，就不必用這些表象來證明自己的成功。

我認識一個女孩子，她對自己感到自卑，而這樣的想法已經影響到她的生活。因爲她認爲自己配不上她的伴侶，所以產生懷疑：他爲什麼要和我在一起？他在我身上看到了什麼呢？他很快就會發現我不值得他付出努力，於是就會和其他人在一起並一走了之。他是不是已經開始這麼想了？他上週末眞的在加班嗎？顯然地，這個女孩子的不安全感和害怕失去伴侶的恐懼，讓她變得善妒且占有欲強。

很可悲吧！但更可悲的事情還在後面。她的善妒和猜忌越來越嚴重，讓她的伴侶難以接受，最終離開了她。而她不但沒有因此醒過來，反倒認爲這個結果印證了自己配不上對方的想法，甚至認爲她身邊的人都會離她而去。

看到這裡，人們往往會對她投以同情的目光。但現在，讓我們從她伴侶的角度來看這整件事：一開始，他是忠誠且忠貞的，隨著她的占有欲和不信任感越來越嚴重，甚至無端地指責他偷吃或另有他人，最後他忍無可忍，只好選擇逃出這段感情。

善妒可以將情侶間的感情消磨殆盡。事實上，和一個嫉妒心強的朋友、親人、同事相處也是一件非常痛苦的事情。嫉妒和羨慕是不同的。你可能會羨慕他人所擁有的事物，但嫉妒往往是一個貶義詞，代表著不愉快的情緒。嫉妒往往是因害怕失去擁有的人或事，或者因得不到而感到痛苦的過程，通常這種情緒與缺乏安全感、自卑有相當大的關係。

別人可能會嫉妒你有個和諧美滿的家庭關係、舒適雅致的房子、一帆風順的事業，因爲他們害怕自己永遠都得不到，也可能因爲他們覺得自己沒有資格擁有。

然而一個人的自卑情緒，也會影響到他與別人的友情。因爲他總是認爲自己不夠優秀，而對方遲早會找到「更優秀」的朋友，並爲此拋棄他。在朋友間的群體中（尤其是在三個人），自卑感較大的那個人，往往會認爲另外兩個人的友情更密切，即使從來沒有任何威脅影響到三個人的友情，但自卑感較大者往往會以行動阻撓另外兩位的友誼。

如何去幫助一個嫉妒心強的人呢？你可以藉由不與之敵對，並且在一定程度上把握好分寸。像是避免與他人過從甚密，或是避免在沒有告知的狀況下徹底狂歡，這些都能減輕容易自卑的伴侶的情緒。但如果對方試圖控制你，那麼你也得劃出底限。控制情緒的開關在他手上，你能做的只有儘量不刺激對方，但會不會被激怒是他的事情，與你無關。一旦他明白了你的立場，便會意識到他必須學會信任你，否則這段感情注定蕩然無存。

如果你有一個善妒的朋友，在你安慰他的同時，也需要讓他明白，控制欲越強，實際上是**會**將你推得越遠，而這也是他最不想看到的結果。如果你有一個嫉妒心極強的兄弟姊妹或同事，儘量少跟他聊到你的新工作、新買的車子、房子、衣服等，以避免自己碰了一鼻子灰。最後，如果他們有足夠的自信，那麼他們將不再需要這些表象來證明自己的成功。

法則88

偏見始終來自無知

如果有人對你產生偏見，那是他的問題。

我們每個人幾乎都有可能遭遇到偏見。無論你是黑人、同性戀、猶太人、女性、單親父母、穆斯林、教育程度低、有明顯的口音，還是有著其他人不理智或無理取鬧認知下的特徵，都可能遭遇到偏見。

幸運的是，你不必和所有對你抱有偏見的人打交道。你遇到的對你有偏見的人，多半是一些你必須經常與之接觸的對象，好比你的老闆、鄰居、小妹、同事、同學或是必須定期互動的人。

「偏見」源自於我們的家庭和文化背景，以及我們的無知。而且，如果在你的成長環境中存有既定的偏見，像是「某些人天生邪惡」或者「我們與某些人不是同一類人」，那麼你會很自然地避開這些人，這也使得無知永遠存在。恐懼時常助長了偏見，當你對這些人的偏見根深蒂固，你的無知就會被不斷地加深。

對於大多數人而言，只要能夠認清現實，就會發現他們的恐懼和偏見是毫無根據的。但有少數人很難改變自己的看法，因爲他們拒絕接受任何違反自己既有信念的事實。所以，如果你的主管是性別歧視者、堅信女性工作不如男性；或者，你的鄰居認爲所有同性戀者都是邪惡的；又或是你家人無法忍受家族成員要和其他種族的人結婚，那麼他們就屬於很難對付的那些人。

首先，你應該清楚，如果有人對你產生偏見，那是他的問題。你可能會質疑自己，但如果你能客觀看待這個問題，就會發現這跟你沒有任何關係。這樣一想，你就不應該把別人對你的偏見太放在心上。

其次，不要縱容對方的錯誤理念。如果你的男老闆認爲女性很情緒化、經常需要幫助，那麼請盡可能避免在他面前哭、或者不停地尋求幫助（如果你是女性的話）。能夠化解偏見的有效方法是「經歷」而不是爭辯。偏見不是一種邏輯，所以邏輯戰勝不了偏見。如果你公然挑戰別人，他們對你的偏見只會變本加厲。在人與人的溝通中，任何爭辯只會適得其反。即便你是對的，你也不能指望自己一下子就能改變別人對你的偏見。正確的做法是：在他們心中埋下一粒種子。

久而久之，即便你的老闆認爲女性是情緒化的動物，而且經常需要幫助，但你會是個例外。這當然不是你眞正想要的結果，但你已經在他心中埋下了一粒種子。下一個爲他工作的女員工，以及下下一個爲他工作的女下屬，可以慢慢地幫助這粒種子生根發芽。這個過程可長可短。很少有人能在一夕之間改變自己的價値觀，所以請別異想天開地認爲，你可以憑藉一己之力做到。請記住，別人的偏見與你無關。

法則89

裝可憐的人渴望認同

給予他們想要的回饋，只會使他們變本加厲。

成天假裝自己受苦受難的人，其狀態真的很像在生悶氣，只是通常生悶氣的人會逃離大衆的視線，在私底下暗自神傷。這就是二者的不同之處。反觀裝可憐的人，他們喜歡在公衆場合生悶氣，以此吸引人們的注意力。他們一定要讓你知道他們正在遭受痛苦，並且告訴你，他們的苦難都是你一手造成的。

許多事情都可以讓裝可憐的人飽受苦楚，也許是因爲他們的自尊心太脆弱，也許是因爲他們覺得自己遭到輕視。但這些是否是由你造成的，我就不得而知了。關鍵是這些人會心懷怨恨，因爲在他們眼裡，他們沒有得到應有的認同。他們並不會直截了當地告訴你應該怎麼做，而是以抱怨和委婉的批評，來回應那些他們認爲沒有給予應有認同的人（這就是我所指的「棘手」部分）。

一般來說，如果你覺得自己沒有得到應有的尊重，那麼你眞正要做的，就是與你認爲理應給予你尊重的人好好談一談，告訴他們你的感受和讓你不舒服的原因。但裝可憐的人不會這樣做。他們會走到你面前，不停地唉聲嘆氣、給你一堆暗示，等著你去認同他們。你要麼爲了緩解尷尬氣氛而選擇退讓（但事實上你是在認同裝可憐的人的行爲），要麼視而不見，但後果當然是你們之間的關係變得更加緊張。

如果你面對的是偶爾才會出現沮喪情緒的抱怨者，那麼最好的辦法就是以成年人的方式來解決他的問題。你可以說：「我感覺這件事讓你很不開心。」來進行一場對話，聊聊爲什麼團隊完成工作、或著手清理家務會使他們感到不開心。或許他們會表達一些合理的想法。即使你們的溝通結果是對方在鬧情緒，但至少你已經跟他溝通過了，你可以繼續做你自己的事情（即使他們做不到）。

有些人通常會爲自己創造可憐的情境，以取得他人的鼓勵或讚賞來提升自尊。因此，他們會向你抱怨自己的工作多辛苦、遭受到多惡劣的對待，或是處境多麼糟糕等等，這麼做的目的是要你（或任何人）安慰並告訴他們做得有多棒。有時候，他們甚至會爲了工作上的一件小事抱怨好幾個小時（這可能是無意識的，他們有時意識不到自己做出這樣的事情）。在這種情形下，給予他們想要的回答只會使他們變本加厲。這種行爲也是情緒勒索的一種，只不過對方是想讓你對他的自尊心負責。

無論你多麼富有同情心，請記住，導正或安撫喜歡裝可憐的人，這些都是受過專業訓練的治療師的工作。如果你無法避開愛發牢騷、裝可憐的人，那麼在互動上請你保持中立。無論他告訴你昨天自己工作到多晚，都不要讚揚或同情，你只需要岔開話題，像是聊聊昨晚天氣或其他事情就可以了。另外，不要接受他主動伸出的援手，像是提議幫你分擔一些工作等，你只需要禮貌地告訴他，自己不需要任何幫忙。

一個長期發牢騷、裝可憐的人肯定不會開心，面對這樣的人，你絕對無能爲力（除非你是一名經驗豐富的心理治療師）[24]。你唯一能做的就是保護好你自己，不縱容他渴望得到的讚賞和搏得同情的心理。如果你眞想爲他做些什麼，那麼請嘗試鼓勵他們尋求幫助，改掉這個缺點吧！

24 在這種情況下，你為什麼需要閱讀這本書呢？

法則90

心思敏感終將無法堅強

哪怕是一個細微的評論，都有可能會讓對方印象深刻，身陷入其中許久。

我曾經和一個會因一點小事就哭泣的人工作，舉凡是團隊成員的輕微批評或暗示、新聞裡的悲傷故事、周圍環境中的負面情緒等等。在當時，許多同事一致認爲，和他一起工作是件非常棘手的事，尤其是需要給他建議時，簡直是如履薄冰。

如果你不是一個高敏感的人，那麼可能會覺得心思敏感的人不好相處。這就是爲什麼我把過於敏感的人放在這一章來談，因爲對你而言，這些人可能就是「難相處」。然而，與這一章中其他類型的人不同的是：心思過於敏感的人並非有意爲之。他們可能生性如此，我們需要做的就只是耐心地接納他們。畢竟，他們會最先感受到自己造成他人的麻煩，也因爲如此，他們可能會成爲最好的外交官，因爲他們非常注重細節且不會輕易傷害他人。他們對待別人的方式往往會讓所有人都滿意。但想要心思敏感的人「堅強」起來，幾乎是不可能。他們做不到，而且也沒必要假裝。

問題是，如果你不是像他們一樣心思如此細膩的話，你很可能會不小心惹怒他們（是的，你可能眞的會），因此你得格外小心。你要明白，哪怕是一個細微的評論，都有可能會讓對方印象深刻，而且身陷入其中許久。但往好的方向來看，你不用費太大的力氣就可以讓對方明白你的意思；能夠確定的是，心思敏感的人善於捕捉到你言語中的深意，所以對待他們時請保持友善和體諒。

當敏感的人做事沒有達到你要求的標準時，你需要用合適的方式告訴他們，否則當他們透過你的其他舉動發現你的不滿意時，你們之間的關係會變得不太愉快。不要把他們想成是情緒勒索者，他們掉眼淚並不是想威脅你，那只是連他們自己都無法控制的情緒反應。這時候，你應該引導他們認知問題所在，你可以說：「我覺得這裡還有改善的空間。你覺得下次應該怎麼做才能加快進度呢？」此時他們就會進行自我批判，而你只需要認同就可以了。

注意，在上面這個例子中，你要使用客觀的措辭。與其說「你要怎樣才能加快速度」，不如用「你覺得我們怎樣做才能加快速度」，如此一來也能避免對方誤以爲你是在批評他。如果你的伴侶是一個心思敏感的人，你應該說「當我開車時發現沒油了，我會很生氣」，而不是說「你把車開到沒油了，我很生氣」。

如果你要和心思敏感的人打交道，你就應該把注意力集中在事情積極的一面，你要多用鼓勵讚美，而不是批評打擊（這是個非常可怕的方法）。你要讓對方知道你「想要」什麼，而不是「不想要」什麼。像是你可以告訴對方，你希望汽車油箱裡多少有些汽油，而不是完全是空的。

我記得一名小學老師曾經告訴過我，他有一份「不能大聲呵斥」的學生名單，裡頭的孩子都是無法接受老師呵斥喊叫的。我得出的結論是：這位老師應該還有一份「可以大聲呵斥」的學生名單。同樣的道理，不論你是否也有類似的名單，在你極度氣憤的時候，你心裡一定知道有哪些敏感的人是不能怒目相對的。

法則91

人們只聽自己感興趣的話

對方故意不聽你說話肯定有其原因，你必須找到它。

我認識一對夫婦，他們幾乎從不吵架。當他們偶爾發生爭吵時，也總是爲了同一件事：丈夫說妻子從來不聽他說的話。事實的確如此，妻子通常不太理會丈夫的話，而且我知道爲什麼。因爲丈夫總是重複自己說過的話，妻子已經聽到膩了，以致於不予以理會。但是，爲什麼丈夫總要重複自己說過的話？原因很簡單，因爲妻子從來都沒聽進去過。

到底誰該聽誰的話，一般是兩個人之間的事情。就拿上面提到的例子來說，誰應該爲不聽話負責呢？我覺得兩個人都有責任。但有時候，你不願意聽別人說話，主要是因爲更多問題是出在對方身上，但很少有全部責任都歸咎於聽的一方。即便聽者可以故意做出拒絕聆聽的動作，像是把手捂住耳朵故意大聲唱歌，但之所以這樣做肯定是有原因的。

如果有人故意不聽你說話，或者完全聽不到你說的話，那麼你就需要做出改變。否則一切都不會變。他們不聽你說話肯定有他們的原因，你必須找到它。是不是你蔑視了對方的權威？還是你批評了他們？又或是你說了對方不想聽的話？或者你讓對方在衆人面前出醜？不管是什麼原因，你都要想出解決方法。換一種口氣說話呢？與他們私底下交談？簡明扼要地表達你的觀點？換個合適的談話時間？總之，一定要讓對方知道，你說的話值得他們認眞聆聽。

如果對方與你處於同一個立場，他就會更願意傾聽你說的話。因此，你得採取不挑釁的語氣，選對說話的時機，使用讓對方感覺良好的措辭。即使你不得不批評對方（你有過這樣的情況嗎？），表達時一定要選擇正向的詞彙。如果你說的話沒有價值，對方爲什麼要花費時間與精力去聽呢？

這裡我想多談談如何與青少年溝通（想一想，爲什麼青少年會出現在這條法則中），如果你沒有將他們拉到你的陣營，那麼你說什麼他們都不會聽。不管你認爲自己說的話有多麼重要，對他們來說依然是毫無意義的。若你無法與他們站在同一立場

（即便你用盡第三章「獲取他人支持」中的每一條法則），就放手吧。

如果對方能參與你的話題，他們會發現，想不聽你說話都難。因此，藉由提出問題和不斷肯定（這是最重要的一點）來傾聽對方想說些什麼。在責備別人之前，你要百分百地確定自己沒有犯過同樣的錯誤。這些都不難做到。說不定別人的話會讓你改變想法，不會嗎？如果你認爲不可能，那麼你將成爲跟他們一樣死板的人。

法則 92

被動攻擊型的人害怕衝突

無論對方偽裝得多好，你都要識破他們的被動攻擊行為。

還記得在我十幾歲的某一天回家晚了，當時有位年長的親戚來訪並住在家中，第二天當大夥在吃早餐的時候，她對我說：「你昨晚玩得開心吧？否則也不會淩晨兩點二十分才回家。」這位遠房親戚的表達方式似乎是在爲我開心，但我非常清楚她的潛臺詞。她眞正想表達的（特別是在我母親面前）其實是：「昨晚你進家門的時候把我吵醒了！」如果不是被我吵醒，她怎麼會知道我是幾點回到家的呢？

「被動攻擊」的行爲目的是：在不引起直接衝突的前提下進行批判或抱怨。我們偶爾都會這樣做，但對於有些人，這是他們在感到沮喪和生氣時，宣洩情緒的慣用方式。一般來說，這些人受到過去經驗的影響，以致於害怕與他人產生衝突，卻又不願忍氣吞聲。事實上，這樣的舉動並不能解決問題，反而會讓所有人都感到尷尬。

曾經一起工作的同事裡，就有這樣的人，他總是在最後一刻完成工作，使得其他人要做好工作是難上加難。理論上，他的確沒有超出最後期限，但由於他總是最後一刻完成工作，這讓團隊中的其他同事得加班且互相幫忙，才得以完成接下來的工作。然而這個傢伙會故意對幫忙的同事生氣，以此來懲罰我們。他從來不直接對我們說出自己的不滿，因爲他害怕這麼做會激起我們的反擊。我始終不明白他爲什麼要對我們生氣，但不管爲什麼，這個問題一直沒能解決。我想截至今日，他可能依舊如此對待現在的同事吧。

這種行爲最讓人頭痛的是，如果你直接挑明提出問題，對方會否認：「我不是故意要拖到最後一刻，只是沒想到這個工作花費的時間比想像中多。」當他這麼說時，你倒成了無端指責他的人，而這類的人還會擺出一副無辜冤枉的樣子。

那麼，如何來應對你身邊這些被動攻擊型的人？像是你的主管、伴侶、母親、同事甚至孩子？首先，無論對方僞裝得多好，你都要識破這就是被動攻擊型的行爲。這是至關重要的步驟，讓你能放心地指責他們而不會背負罪惡感。如果你姑息了這類具侵略的行爲，你就不是在幫他們，而是在害他們。

有時候，「幽默」能化解被動攻擊的行爲。在我們家，任何類似這樣的行爲都會被玩笑帶過（別讓我變得有被動攻擊性）；即便對方否認自己犯下這種行爲，往後他們也幾乎不會犯。對於更執迷不悟的人，你需要的是正面應對，你要告訴他們：大膽表達沮喪並不會引起衝突。這是他們最爲擔心害怕的，除非這項恐懼消失，不然他們是不會改變自己的行爲。所以，請跟他們說實話：無論遇到了哪些困惑，你都希望藉由正常的溝通來實現雙贏。

你也需要表述得具體一點，簡單一句：「你總是最後一刻才交付工作。」起不了任何作用。對於不同的事情，你都要讓他們清楚知道，這種做法是不可取的。無論如何，絕對不要採用任何報復式的行爲，例如你也遲交。這麼做只會使你比他們更爲消極被動。

法則 93

拒絕施捨的讚美

自視甚高者的典型做法就是毫無根據地讚美別人。

自視甚高者和霸凌者有個相似之處，他們貶低他人的目的是爲了自我抬舉。這些人缺乏安全感，飽受自我懷疑的折磨，因此才會藉由社交、智力或是團體的力量來鞏固自己的地位，尋求安慰。

正如之前談到許多難相處的行爲一樣，這是他們的問題，不是你的。你最好的應對方式是保持冷靜，然後禮貌且堅定地回應他們的攻擊：「你爲何說我聽不懂？需要我解釋給你聽嗎？」在其他人在場的情況下，以此方式回應他們的攻擊行爲是非常有效的，因爲這種對峙會使他們感到不舒服，日後他們就會三思而後行。

要注意的事，我並不鼓勵這種行爲。我認識一些總是抱怨自己被輕視的人，每當他們接到任務時，都會不斷地再三保證自己會做好。如果你也是這樣的人，那麼你會遭到質疑就不足爲奇了。相較於擺出高人一等的態度來隱藏自己的擔憂，更有自信的表現能讓外界停止貶低你的能力。

但並非每個自視甚高者皆是如此。通常來說，如果對方不是故意炫耀自己的能力，你都能從中感受到善良或讚賞。比如你正好需要人來幫助你，對方的幫助是雪中送炭；如果你不需要幫助，對方故意擺出略施小惠的態度來幫你，這就是他有意抬舉自己的手段。無論出於何種目的，對方的幫忙本身都是善意的，所以你可以和氣地回應：「不了，我自己可以做到，謝謝你的好意。」畢竟，此刻你不需要幫助，但你也不應該打擊對方幫助別人的行爲，或許有人眞的需要他們的幫忙。

如果你的年齡較長或較小，又或是傷殘人士，抑或是身爲女性，有些人會藉由與你身邊的同伴說話來凸顯自己高你一等。這裡的同伴指的是大家認爲他能代替你發言、替你轉達問題的角色。

自視甚高者的典型做法，就是毫無根據地讚美別人。不得不說，很多女性都會跟伴侶說：「你太棒了，竟然會換廁所的衛生紙、使用吸塵器、替孩子洗澡。」言外之意是，她們對自己的丈夫會做這些事情感到驚訝，這正是深深的自視甚高（其實誰都能做）。同樣的事情，如果由她們自己來做，她們不會覺得做這些事特別需要別人的誇讚。

具有性別歧視的男性會對女性做同樣的事情，他們會因爲女性能夠自己換燈泡、或是能獨立談成生意而誇讚對方。有些事情的確値得被稱讚，但故意稱讚本來不値得稱讚的事情，便是自視甚高的表現。應對這種人，你就反問他：「你覺得這件事很困難嗎？」這樣才能讓他們審視自己的言行，明白自己對你的誇讚是何等沒禮貌。如果這樣也沒用，你就需要用事實來改變對方對你的看法。這需要點時間，只要你堅持不懈，總有一天他們會認知到，使用吸塵器或換燈泡對你來說是多麼簡單的事。

法則94

誰也打敗不了真正的自戀者

他不關心自己能為你做什麼，只關心你能為他做的。

我們身邊都有自戀者，這群人很容易被發現，你可能也會發現他們帶來的小麻煩。對這些人而言，世界需要圍繞著他們運轉，他們必須處在受崇拜的中心，他們從不會出錯，受到每個人的欽佩，而且始終高高在上。

是的，自戀者只會看到與自己有關的事物。這也使得他們的同情心遭到遮蔽，因此很難替他人著想。在一般情況下，對於無法帶給他們好處的事情，他們絲毫不感興趣。

以自我為中心的伴侶或上司是很難相處的。和霸凌者一樣（他們通常也會霸凌他人），他們的行為會暴露出自信心不足，因此需要藉由貶低你來建立自信，他們不關心自己能爲你做些什麼，只關心你能爲他們做些什麼。他們傲慢得令人生氣，並且不想聽取任何建議。他們爲什麼會如此呢？顯然地，他們認爲自己最明智，你就應該聽取他們的意見。

這些人不僅性格高傲，他們還必須確認自己是對的。只有當你同意他們的觀點，並且幫忙誇大他們對自己的看法時，他們才會喜歡你。你可能會說，很多人都有自我意識，但至少這些人能虛心聽取他人意見，接受不同觀點，有些甚至歡迎別人向自己提出建議。但是以自我爲中心的人根本無法接受批評，不能容忍任何不認同自己觀點和價值觀的人，他們會把這件事視爲對自己的侮辱。

和這種人相處（首選當然是遠離他們，除非你無法閃躲），你要保持清醒與冷靜，因爲他們絲毫不會照顧你的情緒，所以不必因此替自戀者煩惱。當你和他們打交道的時候，盡量使用明確的詞語，如果你總是說「或許」、「可能」、「我覺得」、「我認爲」等詞彙，在他們看來，你是在否定他們的權威。不要浪費時間和他們爭論，他們是不可能讓自己輸在任何一場爭論中的，所以一開始就應該迴避。如果你想得到想要的結果，就需要換一種既能滿足他們的虛榮心，也能得到你想要的結果的方式。這才是與自我爲中心的人合作的正確方法。

任何試圖擊潰他們、在公開場合批評他們，或者攻擊他們自私言行的行為，都註定失敗。無論你多有道理，甚至認為你是對的（也許真的是對的），他們都不會這麼想。自戀者最畏懼的是遭到貶低，若你真這麼做，他們一定會報復你，而且肯定會得逞，因此這是他們最在意的事情。

我要提醒你，一個眞正的自戀者（在臨床上被診斷出來的那種），他們的行為比上面提到的要可怕得多。就連精神科醫師都在努力研究他們行為表象下的心理運作。他們過於沉醉於對自己的關注，以致於在一些特定的情況下，甚至會混淆現實與想像的界限，以此來維護自己極其成功、強大、獨特和尊貴的表象。他們認為自己比任何人來得優越，因此應該受到特殊的對待、奉承，即便是眞理也可以為他們而更改。

如果你親近的人之中有自戀者，而且你在努力應對中，我勸你不要幻想自己能改變他們，因為這是不可能的。面對他們時，你一定要保護好自己，堅守自己的尊嚴及自我價值；如果你實在應對不了，唯一的選擇就是與之保持距離，以便你有更多應對的空間。最後，祝你好運。

法則95

抱怨是因為不想改變

把他們的精力轉移到解決方案上。

我覺得自己特別無法容忍整天怨天尤人、滿腹牢騷的人，這會使我生氣。對於負面情緒、悲觀主義者，我是可以同情的，但如果有人堅持反覆抱怨，無論如何我是無法忍受的。

讓我告訴你是什麼讓我感到挫敗。事實上，當一個人把精力都放在抱怨和發牢騷時，他們根本不想改變。我們可以對一些事情發發牢騷，然後繼續努力地改善問題。而這裡所提到的抱怨者，總是不停抱怨相同的事情，就像是一張被卡住的唱片，重複播放著同一小段的樂曲。他們甚至從不找出問題的根源。因此，在他們不作爲的情況下，整個狀況變得更加糟糕。其實，只要行動起來，幾乎所有的棘手問題都能迎刃而解，即使無法徹底解決問題，也會獲得部分的改善。滿腹牢騷的人把「抱怨」和「不作爲」緊密地綁在一起。

顯然地，抱怨者能利用抱怨問題來吸引他人的關注，這與消極者十分相似（其實他們是其中一類）。這些人有時能替團隊、家庭或所屬群體發聲，並且扮演第一個向你指出哪些問題需要解決的角色。

然而，愛發牢騷的抱怨者，他們不想利用自身的優勢把事情變得更好。他們像個孩子一樣（可能眞的是孩子），希望你能替他們處理好所有事情。在這種情況下，身爲父母的你可以鼓勵他們尋找解決的途徑，不要一味地接受抱怨；否則等到他們長大後，也會用同樣的方式向其他人抱怨。

回顧多年來我在工作和生活中遇到的各種抱怨者，我想不起有哪個人能眞正接受改變。愛發牢騷的人不喜歡變化，而這就是他們抱怨的根源。他們抗拒改變，不想進入解決問題的階段，因爲「改變」意味著：他們需要接受某種新的或經過調整的方式。這不是他們想要的。

因此，對付抱怨者的方法就是告訴他們：做出一定程度的改變並沒有看起來的那麼糟糕或嚴重；讓他們看看改變是如何讓生活更好、更簡單、更便捷輕鬆，然後留些時間讓他們自己消化。就像你突然告訴孩子們要搬家，你不會指望他們只用一個下午就能接受這件事。

接著，將他們的精力轉移到解決方案上。不要重複地問他們爲什麼不喜歡改變，而是要問：「你打算怎麼做呢？」或者讓他們藉由想像來接受改變，像是：「你們的新臥室會比現在大很多，我們趕快想想要用什麼顏色來裝飾新臥室吧。」如果可以的話，讓他們參與到解決方案的思考中。

抱怨者常常感到自己被剝奪了某種權利。在公司裡，這些人經常把自己的團隊視爲第二家庭，並且極力地保護它。一旦團隊發生了變化（或他們認爲發生變化），他們就會覺得自己是無能的。因此，你需要讓他們積極參與變化的過程，無論是要重組團隊，還是只把文具櫃換個位置，讓他們參與其中都能使其感到安心。同時希望藉此讓他們停止抱怨。

法則96 不單為了抱怨的競爭型抱怨者

他們的動機和單純抱怨者不同。

既然我們聊過愛發牢騷和不斷抱怨的人，那麼我們再來談談另一群難相處的人，這些人看似是在抱怨，實際上卻另有所圖。你有沒有聽過以下的對話呢？

A：我昨天加班到晚上十點多才回家。

B：可不是，我週一也是十點半以後才回到家。

A：我早上八點就來上班了。

B：我這週每天都是八點多就到公司了。

A：我開了三個多小時的車在分公司之間來回跑，都快累垮了。

這個談話會無止盡地進行下去。這就是競爭型抱怨者。我最喜歡的例子是蒙蒂．派森（Monty Python）[25]的一個作品，當中描述一群老人爭論誰的童年最艱苦（我是在馬路中央的紙袋裡長大）。是的，這些老人同樣在抱怨，但他們的動機與上一條法則中所講到讓我火冒三丈的抱怨者不太一樣。

本條法則中提到的競爭型抱怨者，雖然也是假裝遭受到苦難，只不過他們換了另一種形式。這些人想把其他人也拖下水。他們想讓每個人都知道自己工作得多努力、承受了多少苦難，甚至是如何懷才不遇。面對這種類型的抱怨者，就跟對待其他假裝受苦的人一樣，只要你流露一絲絲的同情，他們便會變本加厲（請再回頭讀一遍第八十九條法則）。因此，你只需要忽視他們，繼續做自己的事情就可以了。

假裝受苦受難的人，他們和競爭型抱怨者都具有把事情做好的能力。當他們把事情做好的時候，他們是值得被表揚和認可的。你可以表揚他們，但絕對不可以認可他們裝可憐的行爲。你要挑選他們沒在抱怨的時機來肯定他們的工作成果。

這種競爭型抱怨者在兄弟姊妹之間很常見（事實上也不奇怪），因爲他們進行競

25 英國喜劇團體。

爭式抱怨的一部分目的，就是爭奪父母的關注。所以爲人父母的你一定要定期自我檢查，審視自己是否在每個孩子身上都花費了相同的時間和精力，是否對每個孩子都能公平地給予讚美、獎勵和認同。審視過後，如果你發現自己沒有做到，你就要給抱怨的孩子更多的關心，但切記，別在他正在抱怨時給予關注。

有一個很有趣的現象，有些人不會主動挑起抱怨的話題，但很容易和別人陷入競爭式的抱怨裡。還有一種人，他們從不會主動跟其他人抱怨，但他們見不得別人比他們還慘，因此會抓住這個機會，開啓激烈的競爭式抱怨，所以這些人才是眞正應該重點關注和給予認可的。如果這些人不是整日叫苦連天，而是緘默不語地忍受，那麼你是可以大膽地認可他們的價值，而不用擔心自己這麼做會縱容他們的抱怨行爲。

法則97

祕密充滿力量

你知道他們對你隱瞞了一些事。

大多數人都很注重隱私，這很正常。沒有人需要跟同事討論自己的私生活，又或是跟家人討論自己內心深處的想法。當然有些人性情開放，但多數人選擇保留更多隱私。這些人可能是因為害羞、脆弱，也可能是因為害怕遭受某種評價，又或是單純注重隱私罷了。不論是哪一種原因，這些人都不是這條法則中要談論的，因為他們並不是難相處的人。

那麼，哪些才是**難相處**的隱瞞之人呢？這些人是故意隱瞞你一些消息的人。一般來說，你是不知道對方擁有哪些消息，所以你不會知道他們隱瞞了你。也有可能你知道他們隱瞞了一些關鍵訊息，但你不知究竟是什麼。然而，這些人非常清楚這個訊息是你特別想知道的，因此選擇不告訴你。

他們爲什麼要這麼做呢？因爲這會讓他們感覺自己很強大。如果他們讓你知道自己所掌握的訊息，他們將能掌控你並結爲盟友。如果他們選擇不讓你知道，他們仍然能爲此感到興奮，因爲這些隱瞞起來的訊息將成爲有價的知識，任由他們支配使用。舉例來說，控制欲強的伴侶可能會用這些訊息來做些對你不利的事（不論對或錯），他們可能會對你隱藏所知道的祕密，直到可以拿出來利用的時候才告訴你。

人人都有不想被人知道的心事。對他們來說，這是個巨大的美味祕密。喜歡利用他人祕密的人，會因爲得知他人的祕密而極度亢奮，也會因爲其他人渴望得知這個祕密而感覺充滿力量。有了這個祕密，他們可以恣意要脅對方而不用付出代價，甚至局外人根本不會知道發生了什麼。那麼，此時你該怎麼做呢？

你千萬不能賄賂對方，讓對方告訴你想要的訊息。只要你這樣做了，等同於賦予他們更大的權力，甚至步入他們設下的圈套。一旦他們告訴了你想要知道的祕密，他們就失去了這個祕密所賦予他們的力量。所以，他們不會輕易告訴你。

然而，他們的力量源自於他們有你想要的訊息，所以你永遠都不要讓他們知道你想要什麼樣的訊息。一旦你發現對方是一個會隱藏祕密的人，千萬不要相信他們說的話，並且將他們從信任名單內刪除。你可以藉由其他地方獲得你想要的訊息，忽略掉他們提供的任何線索。如果你能讓他們感覺到自己的力量是虛幻的，甚至他們未擁有你想要的東西，那麼你就消除了他們勒索你的動機。而且，最關鍵的是，你將不會再關心他們可能知道哪些消息。你可能無法改變他們利用祕密的天性，但你可以成功地避開他們對你的騷擾。

法則 98

有些人就是輸不起

爭強好勝的人不僅要求自己做得好，甚至還要你做得不好。

我的一個朋友跟我說，他實在無法忍受自己的哥哥，因爲他哥哥將所有的事情都變成競爭；誰的薪水更高、昂貴的汽車、高價的房子，奢侈的假期。如你所見，他哥哥眼裡全都與金錢有關。

有些人會在運動或共同的愛好方面爭強好勝（像是「你的相機是什麼牌子的」，或者「我的模型火車比你的高級得多」等）。甚至是比較孩子，這可眞是個大事。像是誰的孩子最早接受如廁訓練、誰家孩子成績比較好，或者誰家孩子在學校話劇中扮演主角。

對於這些好勝的人來說，吹噓並不是他們的目的。他們不僅要求自己得做好，甚至還要你做得不怎樣，這就是爭強好勝與自我吹噓的不同之處。

當然，這是有原因的。這些人在年輕時從勝利中獲得的讚美、認同、奉承，遠比努力工作或輸得起還要多；不幸的是，他們在未獲得勝利或沒有名列前茅時，也遭受到強烈的譴責，尤其在某些情況下，這些人的父母（某種程度上是老師）都過分看重他們在體育、考試成績和職業方面的成就（雖然我們都知道，事業的成功與金錢無關，但盡責的父母卻養成過度競爭的孩子，顯然是將兩者連結了）；甚至在很多時候，這些父母不允許孩子輸給別人。

藉由上述，我希望你能明白，這些人之所以爭強好勝，跟你沒有任何關係。至於那些刁難的行爲，都是他們自己的事情，但他們的行爲可能會對你造成負面的影響。你認爲他們不好相處，是因爲你不喜歡應對他們處處競爭的行爲。這是爲什麼呢？這些行爲會讓你感覺自己不夠優秀嗎？你是不是有衝動想跟他們爭論，來證明自己的能力？如果你眞這麼想，你的反應也暴露出你的問題。

聽好，我不是說這是你的錯。如果對方把競爭提升到人身攻擊，無論你如何應對都不該受到譴責。然而，如果你能做到足夠自信、一笑而過，那麼你將會爲他們感到難過，於此同時，你的應對能力也會跟著提升。或是，當你有加入競爭行列的衝動，甚至比對方的競爭心還要強，你可能在孩提時也被灌輸過相同的扭曲價值觀。在這種情況下，能夠認知自我並重新調整自己，會是一件很困難的事情，但如果你做到了，你也會因此而變得更快樂。

就我個人而言，我有一套用來應對愛競爭者的方法，這不一定適用於每個人，但對我來說非常適用。我會故意顯露出自己毫無競爭力，讓自己在競爭中墊底。如果有人對我說：「我的孩子在十八個月大時就已經開始做如廁訓練了！」我會說：「這麼早啊？我打算在孩子兩歲之後再開始。」用這樣來回答好勝心強的人一點也不難，這往往能使他們閉嘴。更重要的是，他們覺得自己占上風，而我知道是自己贏了；因爲與其被刺激到怒氣衝天，我更享受這種方式帶來的滿足感，更能使我感到快樂。

法則 99

操縱不僅僅是說服

學會相信自己的判斷，不是一味聽信他人的觀點。

極度的爭強好勝（如上一條法則中定義）是讓人們變得極度狡猾的一個原因，也是人們使用操縱手段來獲取所需的一個原因。有些人會把別人給予的信任作爲跳板，用陰險狡詐、偷雞摸狗的方式來操縱別人。

我非常清楚這本書裡有四分之一的篇幅都在講如何獲取他人支持，你可能會說這是一種操縱別人的行爲。我要特別指正的是，我所提倡的是不損害他人利益來贏得對方信任的方法（通常都是對別人有利的）。我稱之爲「影響」，而不是「操縱」。如你所見，我只是將自己觀察到的有效方法傳遞給大家。在這裡，我得說實話，一些不登大雅之堂的做法也能發揮相同的效果。所以每當我使用「操縱」這個詞彙時，我指的是那些使用陰謀詭計、完全不考慮會帶給他人什麼樣的後果，甚至這些行為往往不懷好意。

再一次強調，我只分享我觀察到的有效方法；而實話是，某些陰謀詭計有時也能起到相同的作用。但是，當我提到「操蹤」時，是指在不考慮對他人的影響下，運用計謀和策略，甚至時常是有害他人的。把這點說清楚之後，我們來聊聊操縱者是怎麼回事。在這裡，我們無法逐一列出造成此一行為的原因（通常都是極其複雜）。但關鍵的一點是，操縱者根據經驗得出的結論是：這樣的行為是得到自己想要的東西的最好方式。善於操縱的人是經驗豐富、鮮少失手的，可是問題在於，這些操作不會是**你**想要的。

這些人想出了一種新穎的方式來操縱你，無論是在工作中還是在戀愛中。你知道他們正在操縱你，但你拿不出證據。他們會否認，而且他們的手法過於高明，以致於其他人也不會相信你。他們在交談中會占據主導位置、會情緒勒索你、從不接受指責、試圖說服你，讓你認為自己才是有問題的人，他們擅長說謊、會植入假訊息（字面上或在人們的腦海中）、會故意阻撓你，敏銳捕捉到你的弱點等等。一個微不足道的操縱者就已經很難對付了，更別說一個經驗豐富的操縱者。

對於這樣的人，你該如何應對呢？首先，不要讓他們說服這是你的錯。如果你知道對方具有操縱欲，那麼他說的任何關於你太過敏感、健忘或不講理的言語，請都不要予以理會。學會相信自己的判斷，而不是一味聽信他人觀點。每個操縱者都有自己慣用的策略，你應該思考如何辨識，並且預先計畫好你的因應辦法。如果他們在工作中會拿你的成果來邀功，請開始在寄信聯絡人中加入主管的emai（你可以跟主管說，這麼做是讓他能瞭解專案進度）。如果他試圖將自己的意願藉由你的嘴巴說出來（「你是不是也覺得讓孩子們早點睡覺比較好？」或「你也想這樣吧」），千萬不要上鉤。請明確表示要他們表達自己的想法。

對於試圖操縱、玩弄你情緒的人，你該學會拒絕。你不用做過多的解釋，完全沒有必要。最後，如果可以的話，請遠離操縱者這樣的瘟神。

法則100

忙碌的人問題相對少

交給對方一個專案能有效分散他們的注意力，使他們不會整天關注你。

如果你的主管特別難相處，你也很難分散他們的注意力，但你可能同時會注意到，每當他們全神貫注地在忙事情時，他們就比較好說話。雖然這僅僅是因爲你遇到他們的頻率變低的關係。其實幾乎對每個人來說，應對的關鍵之一就是找到他們在忙碌的時候。

這個策略能應對許多情況。首先，對於整天把精神都放在你身上的人，你可以讓對方去做件他擅長的事情，如此一來，便能有效分散他們放在你身上的注意力；對於容易與他人發生衝突的人，你可以派給他一個相對獨立的工作以避免發生衝突。在此假設，你打算來個全家族的家庭旅遊，你可以請姊姊負責這趟假期的所有安排，或是研究和預訂住宿等。即使不是由你負責指派工作，你也可以引薦對方：「我認為姊姊在規劃行程上相當出色。而且姊姊是如此有條有理的人，在這趟家庭旅遊的行程裡，我們不想冒任何出意外的風險。」

另外，選擇適合對方的事也很重要。如果你安排對食材一竅不通的人負責烹煮，那他可能會把負責採購食材、烹飪助手和清洗的人逼瘋。因此要看這個人擅長與不擅長的事（無論是你自己還是所有人都這麼認為），然後再賦予對方哪些任務。

運用在工作上的話，對於團隊中難相處的人，你可以分配給他能與其他人保持一定距離的任務，如此一來，就能讓工作變得更加順利。像是讓他們外出跑田野調查或是開發新客戶等等。

還有一點，不論一個人如何難以相處，他們在受到「重視」時，會遠比「受挫」時來得好相處。假如你管理的團隊剛好承攬了一個大型活動，團隊中有一名成員很難相處，而你刻意不讓他參加這次的專案，那麼他會感到被排擠與孤立無援，這對整個團隊的工作起不到任何正面效用。然而，如果你讓他參與到其中，並且讓他負責展臺所需的工作，他會感覺自己受到重視與讚賞。你一定要讓他知道，你是因為他值得信賴、經驗豐富、具有很強的組織能力及非常注重細節，才把如此重要的工作交付給他的。讓他們在被給予的工作中獲取成就感，因爲唯有如此，才能使每個人的工作都順利上軌道。

這麼做的另一個好處是，這樣的安排會讓其他團隊成員、家庭成員、小組成員和這名難相處的人保持一定的距離，他們也會很開心，他們的工作自然就會完成得更好，團隊會更具凝聚力。

一旦這個難相處的人成功融入團隊，那麼他們在下次工作時的配合度就會更大。如果你是他們的老闆，你可以將此視爲學習，來幫助員工解決人際關係的問題。如果你是他們的家人，當你發現他們具有規劃旅行的才能時，你就要讓他們表現，這樣一來，其他家庭成員也會輕鬆很多。

後記：最後的法則

These are the Rules.

我花費一生的時間觀察、學習與提煉如何成爲快樂且成功的人的行爲。我從中觀察出他們有別於一般人的行爲。無論是在看待工作、人際、家庭親子、金錢等關係上，我都可以告訴你們，爲什麼他們的生活比其他人來得更爲順暢

有關這本書的所有法則絕對不是命令，你不必全然的服從它們，甚至我也不會要求你應該如何生活。我的想法單純，我只是在傳遞自己所學到的知識，並且希望你能善用它。事實就是，如果你追隨且遵守這些法則，你便可以更加快樂且成功，但是你必須下定決心。

其中一些法則（應該是很多）都是常識，它們的作用是「提醒」，而不是啓示。但是，很多時候你必須從正確的價值觀中去意識到，自己已經偏離了軌道；或許其他人花點心力也能辦到這點，又或是你在讀完本書後對其中的法則無法認同。這都很好，這表示你開始思考了；事實上，這本書正是鼓勵大家這麼做。

有關「法則」系列書籍共有八冊，能在生活中的各個面向裡幫助你：

《工作的法則》（*The Rules of Work*）

《生活就是要快樂》（*The Rules of Life*）
《生活不能沒有愛》（*The Rules of Love*）
《主管就要懂管理》（*The Rules of Management*）
《誰不想做有錢人》（*The Rules of Wealth*）
《不抓狂，教出好孩子》（*The Rules of Parenting*）
《人際的法則》（*The Rules of People*）
《趁年輕，一定要打破的一百條人生準則》（*The Rules of Break*）

摘自《誰不想做有錢人》的法則：

任何人都能成為有錢人，你只需要運用你自己

你和其他人都擁有獲得更多財富的權利和機會。

「財富」的可愛之處在於它從不歧視任何人。不論你的膚色、種族、階級地位、父母的職業，甚至你給自己的**定位**，財富都不在乎。所以請以全新的狀態開始每一天，無論昨天如何，今天都是全新的開始，你和其他人一樣都擁有獲得財富的權利和機會。唯一能阻擋你的，只有你自己和你所編造的財富謊言。

在財富的世界裡，每個人都能得到自己想要的一切。難道還有比這更合理的嗎？

金錢不可能知道誰在掌控它，不知道擁有自己的人具備哪些資格，更不知道他們有哪些志向或身處哪個階級地位。金錢沒有耳朵、眼睛，甚至是知覺。金錢本身是無生命、沒有感情的，它甚至不知道眞實世界發生了什麼事。它只是等待被人使用、消費、儲存、投資、爭奪、吸引人們，並且讓人們爲了獲得它而努力工作。金錢沒有分辨能力，無法判斷一個人是否**值得**擁有它。

我觀察過很多極爲富有的有錢人，他們之間唯一的共同點就是——沒有共同點。當然，他們都是遵守法則的玩家。有錢人是一群形態多樣的群體，也是負擔最少的人。他們之中既有彬彬有禮之人，也有粗魯的下流之輩；有機智聰明的人，也有樸素愚鈍的人；可說是各種人等皆有，卻又不盡相同。但他們之中的**每一個人**面對財富時都會挺身而出說：「是的，我想要。」然而窮人卻是說：「不了，謝謝你，就算了吧。我不配。我得不到，我不行，我不該。」

這就是《誰不想做有錢人》這本書的核心，挑戰你對金錢和財富的看法。我們都認爲窮人之所以是窮人，是因爲他們所處的環境、生長背景以及受到的教育等。可是，如果你有能力購買這本書，並且生活在一個相對安全和舒適的環境裡，那麼你也擁有獲得財富的能力。這可能是個有難度的任務，畢竟賺錢或許很難，但卻不是不可行。這就是《誰不想做有錢人》的第一條法則——誰都可以成為有錢人，你只需要運用你自己。其他的法則所談的都是如何實踐罷了。

摘自《工作的法則》的法則：

讓你的工作能力受人賞識

一份意料之外的報告，是脫穎而出的絕佳方法。

在高速運轉的職場環境中，工作成果遭到忽視可說是屢見不鮮。你每日辛苦勤奮地工作，卻難以將精力放在提升個人影響力上，因此無法讓其他人重視你的工作成果是必然的。但是，讓別人重視你其實非常重要。你必須讓自己脫穎而出，讓潛在的升職機會成眞。

實現這個目標的最好方法就是打破常規。如果你每天都要處理無數瑣事（其他人也是如此），那麼處理再多的瑣事都不會爲你帶來太多的好處。可是，如果交給老闆一份「如何讓每個員工高效率地處理更多工作」的建議書，你自然就會引起老闆的注意。這份意料之外的建議書，當然是脫穎而出的絕佳方法。這表明你思維靈活，懂得採取主動。但這個方法不建議經常使用，畢竟過於頻繁地用這種形式「騷擾」你的老闆，你確實能引人注目，只不過贏來的都是錯誤的關注。因此，你必須堅守以下幾點原則：

- 偶爾提交類似報告；
- 保證你的報告確實有效，足以帶來良好的效果，或者帶來利潤；
- 確保自己的名字寫在顯著的位置上；
- 保證不僅你的老闆能看到這份報告，老闆的老闆也能看到；
- 不一定非得以報告形式出現，也可以是簡報裡的一篇文章。

當然，在職場上引人注目的最佳方式，還是你自己本身就具有出色的工作能力。想要擁有極強的工作能力，你就需要全身心投入工作，排除一切雜念。若是以工作之名夾帶著大量的辦公室政治、八卦、心機或是社交等是行不通的。讓自己時時保持警戒，那麼與其他同事相比，你已在發揮更大的優勢。此外，遵守法則的人永遠保持專注——專注於手頭的工作、具有極強的工作能力、不要分心。

摘自《主管就要懂管理》的法則：

讓員工在工作中投入感情

讓你的員工相信，他們的工作為世界帶來了變化。

你要管理員工。人們都是爲了一份薪水而工作。可是，如果工作對員工而言僅僅是「一份工作」，那麼你永遠都無法看見他們拿出最佳狀態。如果員工只是打卡上下班、盡可能地少做些事，我敢說，身爲管理職的你註定是失敗的。相反地，如果員工帶著希望、享受工作，甚至期待挑戰、激勵，全心全意地投入工作，那麼你就可能從他們身上獲得最大的收穫。問題在於，要擁有一群只把工作視爲無聊活動的員工，還是一支超強的團隊，完全取決於你。只有**你**才能激勵、領導他們，爲他們提供動力和挑戰，讓他們在工作中投入感情。

身爲主管的你本來就是個喜歡接受挑戰的人，不是嗎？好消息是，讓團隊成員投入感情地工作並不難。你只需要讓他們關心自己的工作，就這麼簡單。你需要讓他們知道自己在工作裡的**重要性**，讓他們看到自己的工作會對其他人的生活產生哪些影響，甚至是滿足了其他人的需求，讓他們瞭解到自己的工作是如何觸動他人。讓他們相信（當然前提是你說的都是眞的）自己的工作確實給世界帶來了變化；讓他們明白，除了讓公司股東和高層荷包賺得飽飽之外，他們的工作在某種程度上也讓整個社會變得更加美好。

我知道，相較於管理廣告銷售的團隊，管理護士更容易使員工看到自己對社會的貢獻。但是，如果認眞思考一下，你會發現每一份工作都有它的價值，而你是可以將該工作自豪的部分灌輸給每一位員工的人。想要證據？沒問題。推銷廣告欄位的人是在幫助其他公司（有些可能是非常小的公司）擴大市場上的影響力，使潛在消費者看到長久以來自己所需的、或未來可能會需要的商品；甚至於銷售廣告欄位的工作能讓依賴廣告收入的報紙和雜誌繼續生存下去，而這些報紙和雜誌可以給讀者傳遞訊息、帶來快樂（否則他們不會買報紙雜誌，不是嗎？）。

讓員工眞正關心他們的工作並不難。說實話，這是輕而易舉便能做到的事。每個人的內心深處都渴望自己受到重視，渴望成爲一個有用的人。憤世嫉俗的人大概不以爲然。但這是眞理，無可爭辯。身爲管理職的你要做的，就是觸及他們的心靈。你會發現他們對工作的關心，他們有不同的感受和擔憂，有責任感和參與感。重視他們的感受，他們就會永遠追隨你，甚至連他們自己都不知道爲什麼。

對團隊成員採用這種方法前，首先你得說服自己。你是否認爲自己的工作能爲世界帶來積極的改變？如果不敢確定，那就觸及內心深處地拷問自己，找到讓自己關心工作的方法。

摘自《不抓狂，教出好孩子》的法則：

懂得放鬆

優秀的父母都覺得自己的孩子應該吵鬧、髒亂、活潑好動、滿身泥巴。

在你認識的人之中，誰是你心目中最好的父母？是那些天生就知道該怎麼說話、做事，讓孩子快樂、自信、平衡成長的父母？你是否好奇，他們爲什麼能做得這麼好？再想想你認爲不合格的父母，爲什麼他們做得不好？

我認識的優秀父母都有一個共同點。他們在育兒方面，心態都很放鬆。反之，所有糟糕的父母都有種執念。他們可能不太擔心自己是不是好家長（也許他們應該擔心），但他們始終糾結於某個問題，而影響到自己成爲優秀的父母。

我認識一對有點潔癖的父母。他們的孩子在進家門前，必須先在門口脫鞋，否則對他們而言，整個世界宛如崩塌了一般（即使鞋底一點也不髒）。如果孩子把房間稍微弄亂一些（就算很快打掃乾淨），這對父母也會大動肝火。他們的孩子不可能在這樣的環境中感到放鬆與享受生活，因爲他們無時無刻都在擔心褲子上是否有草漬、害怕打破番茄醬。

我還有一個執著於競爭的朋友，他的孩子承受著巨大的壓力，因爲孩子必須贏得自己參加的每一場競賽，即便是友誼賽也是。還有一個朋友，每次女兒受點小傷都會讓他緊張不已。我敢打賭，你身邊也有很多類似的例子。

另一方面，我遇到的優秀父母都覺得孩子應該吵鬧、髒亂、活潑好動、滿身泥巴。他們接受孩子的所有眞實狀態。他們知道自己有十八年的時間，可以把這些煩人的小野獸培養成體面的成年人，所以懂得調節和適應教養孩子的節奏。這些父母知道，沒有必要急於把孩子變成成年人，因爲總有一天，他們會長大成人。

偷偷跟你們說，隨著時間的推移，執行這條法則會越來越輕鬆。當然，還是有一些人永遠掌握不了爲人父母的眞諦。相較於最後一個孩子長大成人，要放寬心胸迎接並教養第一個孩子就顯然難得多了。你只需要專注在嬰兒所需的基本要素——不餓過頭或不舒服的健康寶寶——其他的就不用太過緊張，像是寶寶的衣服扣子扣錯、今天沒空幫寶寶洗澡，或是整個週末寶寶都沒怎麼睡（是的，我有個朋友眞是如此，甚至因此感到焦慮緊張，她做不到《不抓狂，教出好孩子》的法則了）。

如果每個晚上，你們都可以舒舒服服地坐下，喝上一杯紅酒或琴通寧[26]，好好鼓勵彼此：「我的天……他居然還活著，所以我們做對了！」這就更好了。

26 別緊張，我並不是在鼓勵父母們用酒精來放鬆自己。

摘自《生活不能沒有愛》的法則：

做自己

現在就開誠布公、勇敢地做自己！

在遇到自己喜歡的人時，我們都會不由自主地裝扮成對方喜歡的模樣。你可能會表現得更加老練、堅強、安靜或神秘。最起碼你不再開不合時宜、令人尷尬的玩笑，遇到問題時也不像之前那麼無助。事實上，你不應該這麼做的。雖然你可以僞裝一兩天，甚至一兩個月，但是不可能永遠地僞裝下去。如果這個人就是你要尋找的眞愛，那麼你可能會跟對方共度餘生。請想像一下，你需要僞裝成熟、壓抑天生的幽默感五十多年嗎？

這不太可能，是吧！而且你眞的願意在此生裡，將眞正的自我隱藏在自己創造的虛假人格之下嗎？試想一下那會是什麼樣子。若是因爲害怕失去對方，你一輩子都要僞裝成另一個人，那麼在幾週、幾個月或幾年之後，你終於裝不下去，對方發現眞相後也會感到不滿吧。

這裡需要澄清一點，我並不是慫恿你放任自己的壞習慣不改；相反地，不斷進步是我們身而爲人的必修課，這不僅僅侷限在愛情生活中。你應該讓自己的生活更加井井有條、更加積極向上。改進自己的言行舉止肯定是好事，但改變自己的「基本人格」又是另一回事，這不僅行不通，還會讓你作繭自縛。

所以要勇敢地做自己，現在就誠實面對。如果你不是對方的理想對象，現在就開誠布公地展現眞實自我，至少在對方發現之前，你也不會讓自己陷得太深。而且你知道嗎？也許他們並不喜歡老練的人，堅強安靜的類型並不是他們的菜，他們眞正喜歡的是你的耿直與幽默感。

你會發現，你的僞裝只會吸引與「僞裝的你」合得來的人。那樣又有什麼意義呢？要知道，在世界上的某個地方，總會有一個人喜歡你的全部，包括你的缺點和瑕疵，甚至對他們來說那些根本就不算什麼，他們反而將它視爲你的獨特魅力。時間會證明他們做出正確的選擇。

摘自《生活就是要快樂》的法則：

有智慧與年齡無關

「智慧」不是不犯錯，而是學會在犯錯後保持理智地離開錯誤的泥沼。

人們有一種既定觀念：隨著年齡增長，人也會跟著更有智慧。這種說法恐怕是錯的。事實上，我們還是和以前一樣愚蠢，仍然會犯下許多錯誤。只不過現在我們犯下的錯誤，都是和過去的截然不同。我們確實從經驗中吸取了教訓，不會再犯同樣的錯誤；但在我們的面前充斥著大量的新陷阱，等著我們一腳踩空、犯下新的錯誤。該如何應對這個問題？祕訣就在於接受這種事實，並且在犯下新錯誤時不要過度責怪自己。實際上這條法則可以歸納爲：做錯事時要懂得善待自己。要有寬容之心，原諒並接受「年齡增長不等於智慧增加」這個現實。

回憶往事，我們都知道自己犯過什麼錯誤，但是我們不知道未來還會犯下什麼新的錯誤。「智慧」不是不犯錯，而是學會在犯錯後保持理智地離開錯誤的泥沼。

年輕時，我們總以爲「老化」只會發生在老年人身上。事實上，老化會降臨在每一個人身上，我們別無選擇，只能接受，繼續生活。無論我們做什麼、無論我們是誰，事實就是，我們將會變得越來越老。隨著年齡增長，這種衰老的速度似乎也越來越快。

我們可以換個角度思考——年齡越大，會犯錯的領域就越多。我們總是在面對全新的領域，那時的我們沒有方向，在這些領域裡的處事方式或許糟糕、反應過度，甚至完全做錯。當我們的態度越來越靈活，願意冒險與接納新鮮的事物時，我們就能探索越多的領域。當然，在這個過程中也會犯下更多的錯誤。

只要我們回頭看，並找出自己做錯的地方，下定決心不重蹈覆轍，除此之外，我們能做的並不多。記住，任何適用於你的法則，同樣適用於其他人。每個人都會變老，變老的同時不會變得更聰明。只要接受這個事實，你就會更寬容、更友善地對待自己和他人。

最後我要強調的是，時間確實能夠治癒傷痛；隨著年齡的增長，事情也會越來越好。歸根結柢，犯過的錯誤越多，犯下新錯誤的可能性就會越小。最理想的狀態是，如果年輕時犯下很多錯並從中吸取教訓，年老時出現慘痛失敗的可能性就會小一些。這正是年輕的意義。不管犯下多少錯誤，你都有改正的機會，最後都能走上正軌。

國家圖書館出版品預行編目（CIP）資料

人際的法則：一點就通，連難相處的人都可以應對/理查.譚普勒(Richard Templar)著；李曉曄譯. -- 二版. -- 新北市：日出出版：大雁出版基地發行, 2024.03
352面 ;15x21公分
譯自：The rules of people : a personal code for getting the best from everyone
ISBN 978-626-7382-87-5(平裝)

1.人際關係 2.成功法

177.3　　113001240

人際的法則（二版）：一點就通，連難相處的人都可以應對

The Rules of People: A personal code for getting the best from everyone

作　　者　理查．譚普勒（Richard Templar）
譯　　者　李曉曄
責任編輯　夏于翔
協力編輯　阿鳩
內頁構成　菩薩蠻電腦科技有限公司
封面美術　兒日

發 行 人　蘇拾平
總 編 輯　蘇拾平
副總編輯　王辰元
資深主編　夏于翔
主　　編　李明瑾
業　　務　王綬晨、邱紹溢、劉文雅
行　　銷　廖倚萱
出　　版　日出出版
　　　　　地址：231030新北市新店區北新路三段207-3號5樓
　　　　　電話：02-8913-1005　傳真：02-8913-1056
　　　　　網址：www.sunrisepress.com.tw
　　　　　E-mail信箱：sunrisepress@andbooks.com.tw
發　　行　大雁文化事業股份有限公司
　　　　　地址：231030新北市新店區北新路三段207-3號5樓
　　　　　電話：02-8913-1005　傳真：02-8913-1056
　　　　　讀者服務信箱：andbooks@andbooks.com.tw
　　　　　劃撥帳號：19983379　戶名：大雁文化事業股份有限公司
印　　刷　中原造像股份有限公司
二版一刷　2024年3月
二版二刷　2024年6月
定　　價　499元
I S B N　978-626-7382-87-5
THE RULES OF PEOPLE: A PERSONAL CODE FOR GETTING THE BEST FROM EVERYONE by Richard Templar
Copyright © Richard Templar 2017 (Print and electronic)
This translation of The Rules of People is published by arrangement with Pearson Education Limited.
through Big Apple Agency, Inc., Labuan, Malaysia.

Traditional Chinese translation edition copyright:
2021 Sunrise Press, a division of AND Publishing Ltd.
All rights reserved.
本書中文譯稿由人民郵電出版社有限公司授權臺灣大雁文化事業股份有限公司日出出版使用出版。未經本書原版出版者和本書出版者書面許可，任何單位和個人均不得以任何形式或任何手段複製或傳播本書的部分或全部內容。

版權所有．翻印必究（Printed in Taiwan）
缺頁或破損或裝訂錯誤，請寄回本公司更換。